Léon **DUGUIT**

Doyen de la Faculté de Droit de l'Université de Bordeaux

———◉———

Leçons

de

Droit public général

faites

à la Faculté de Droit de l'Université égyptienne
pendant les mois de Janvier, Février et Mars 1926

———

PARIS

E. de *BOCCARD*, *Editeur*

1, Rue de Médicis (VIe)

1926

Leçons
de
Droit public général

Leçons
de
Droit public général

Léon DUGUIT

Doyen de la Faculté de Droit de l'Université de Bordeaux

Leçons
de
Droit public général

faites

à la Faculté de Droit de l'Université égyptienne
pendant les mois de Janvier, Février et Mars 1926

PARIS
E. de BOCCARD, Editeur
1, Rue de Médicis (VIe)

1926

PREFACE

A la fin du mois d'août 1925 j'avais l'honneur
de recevoir à Bordeaux la visite de Son Excellence
Fakri Pacha, Ministre plénipotentiaire à Paris
de Sa Majesté le Roi d'Egypte. Il venait, au nom
de son gouvernement, me demander d'être le
premier doyen de la Faculté de droit comprise
dans la grande Université nationale qu'avait
créée la loi du 11 mars 1925. La demande était
trop flatteuse pour que je pusse lui opposer une
fin de non-recevoir absolue. Mais je ne pouvais
quitter la France et ma chère Faculté de Bordeaux
pendant de longs mois. Il fut donc convenu que
ma mission au Caire serait d'une durée limitée
et que pendant trois mois seulement j'aurais
l'honneur d'être le doyen de la Faculté de droit
égyptienne.

C'est dans ces conditions que je quittais la
France le 23 novembre 1925 et que j'arrivais au
Caire le 29 du même mois. J'avais l'honneur d'être
aussitôt présenté par M. le Ministre de France,
à Sa Majesté le Roi Fouad, qui m'accordait le
plus flatteur et le plus bienveillant accueil, dont
je tiens à lui exprimer ici ma respectueuse et

profonde gratitude. Les membres du Gouvernement égyptien, particulièrement son Excellence Ziwer Pacha, Président du Conseil, Son Excellence Ali Maher Pacha, Ministre de l'Instruction publique, et aussi le recteur de l'Université, Son Excellence Loutfi el Sayed, de même que de nombreuses notabilités égyptiennes, m'ont témoigné, dès mon arrivée et pendant toute la durée de mon séjour, une sympathie et une cordiale déférence qui m'ont profondément touché. Je veux les en remercier à nouveau. Cette sympathie et cette déférence ont donné à mon séjour en Egypte un charme dont je garde un précieux souvenir. Elles ont rendu facile et agréable l'accomplissement de ma mission.

Elle avait avant tout pour objet l'organisation de l'enseignement dans la Faculté de droit de la nouvelle Université égyptienne, ce qui comprenait le programme des études et des examens, le remaniement et la répartition des chaires, le régime scolaire des étudiants en droit. Par suite des circonstances mon rôle s'est trouvé notablement élargi; j'ai été amené à prendre une part directe, et je puis le dire assez active, à la rédaction des règlements généraux relatifs au fonctionnement de l'Université. Voici dans quelles conditions.

La loi du 11 mars 1925, portant création et organisation de l'Université égyptienne, s'était bornée à formuler les principes essentiels de cette organisation et par son article 18 elle avait chargé le conseil de l'Université de rédiger tous les règlements complémentaires organiques de l'Université, notamment les règlements relatifs aux conditions de service et de discipline du personnel enseignant, au régime scolaire et disciplinaire, aux attributions du conseil de l'Université, des conseils de Facultés et des principaux fonctionnaires de l'Université, au régime financier. Ces règlements votés par le conseil de l'Université ne devaient avoir force obligatoire qu'après avoir été approuvés par le gouvernement; mais d'après la loi celui-ci avait le droit d'approuver ou de refuser d'approuver les règlements universitaires, non de les modifier. Il y avait donc une mission importante entre toutes confiée au conseil de l'Université, auquel dans son libéralisme le législateur égyptien avait ainsi donné un pouvoir de large décentralisation.

Le conseil de l'Université se mit immédiatement à la besogne et, dès les premiers jours de décembre, il chargeait chaque conseil de faculté de préparer, en ce qui la concernait, les règlements relatifs aux programmes et plans d'études, aux conditions exigées pour l'octroi des grades, diplômes et certificats. En outre il confiait à une commission comprenant, sous la présidence de Son Excellence M. le Recteur, les quatre doyens, Son Excellence M. le Sous-Secrétaire d'Etat au ministère de l'Instruction publique et aussi M. Grosjean, bibliothécaire de l'Université, le soin de préparer les cinq règlements essentiels suivants : 1º Règlement relatif aux conditions de service et de discipline

du personnel enseignant; 2° Règlement relatif
au régime scolaire et disciplinaire de l'Université;
3° Règlement relatif aux attributions des principaux fonctionnaires de l'Université, du conseil
de l'Université et des conseils de facultés; 4° Règlement relatif au régime financier de l'Université;
5° Règlement relatif au fonctionnement de la
bibliothèque universitaire.

La commission se mit immédiatement au travail et je puis dire que, sous la haute direction
de Son Excellence M. le Recteur de l'Université,
elle a fait beaucoup et de bonne besogne. Les
discussions y furent souvent très vives, mais toujours cordiales et courtoises, parce que tous nous
étions inspirés par l'unique souci d'organiser une
grande université digne de l'Egypte et de la haute
mission d'éducation nationale et de découvertes
scientifiques que le pays voulait lui confier. Son
Excellence M. le Recteur, Son Excellence M. le
Sous-Secrétaire d'Etat à l'Instruction publique
et mes collègues ont bien voulu me permettre de
prendre une part active aux travaux de la commission; ils ont sur ma proposition adopté la
plupart des principes qui ont inspiré l'organisation
des universités françaises et qui sont à mon avis
la condition indispensable pour qu'il y ait une
véritable université, c'est-à-dire un grand établissement scientifique ayant sa vie propre, consa-
crant toute son activité à la recherche de la vérité
dans les divers domaines de l'esprit humain, à
la diffusion dans le grand public des connais-

sances acquises et à la préparation des jeunes hommes aux carrières dont l'exercice désintéressé assure l'heureux développement de la vie nationale.

Au moment où j'ai quitté Le Caire, vers le milieu du mois de mars dernier, le conseil de l'Université avait adopté en son entier, avec de très légères modifications, le premier de ces règlements, celui relatif aux conditions de service et de discipline du personnel enseignant. Il consacrait par là une série de principes qui doivent se trouver à la base de toute organisation universitaire. Les professeurs titulaires sont nommés par le gouvernement, sur la présentation de la faculté intéressée. Nul ne doit être chargé d'un enseignement qu'en raison de ses titres scientifiques. La faculté intéressée est toujours directement associée au recrutement de son personnel. La situation faite aux membres de ce personnel doit lui être garantie contre toute révocation arbitraire et les professeurs titulaires spécialement acquièrent une véritable inamovibilité par la création de chaires au sens français du mot; ils deviennent inamovibles dans leur place et dans leur enseignement, qui possède par lui-même une existence officielle et réglementaire. Valeur scientifique et indépendance du personnel enseignant, autonomie de l'Université, participation active des facultés à l'organisation et au fonctionnement de l'enseignement, tels étaient les principes essentiels dont s'inspiraient tous les règlements préparés par la commission des doyens et adoptés en partie au

mois de mars par le conseil de l'Université. Je pense
que depuis mon départ le conseil de l'Université
a terminé son œuvre réglementaire, que les dispositions votées par lui ont été approuvées par
le gouvernement égyptien et que l'Université
peut poursuivre en pleine sécurité et en pleine
indépendance l'œuvre d'éducation nationale et
de recherches scientifiques qui lui a été confiée.

Doyen de la faculté de droit, je devais diriger
mon effort le plus direct et le plus actif vers elle.
L'article 1er de la loi portant création de l'Université décidait que l'ancienne Ecole de droit était
incorporée dans l'Université nouvelle et devenait
la Faculté de droit de l'Université égyptienne.
Cette Ecole de droit avait un long et glorieux
passé. D'abord Ecole khédiviale, puis Ecole sul-
tanié et enfin, depuis la reconnaissance de l'indépendance, Ecole royale, elle avait eu aux diverses
époques de son histoire des maîtres éminents.
Notre savant et regretté collègue Testout en avait
été longtemps le directeur. Les hommes les plus
éminents de l'Egypte moderne ont été ses élèves
et son enseignement a laissé dans leur esprit une
empreinte profonde. Ils parlent tous de leur ancien
maître avec une touchante reconnaissance. Le
dernier directeur français de l'Ecole a été le professeur Edouard Lambert de Lyon, le maître in-
contesté du droit comparé.

Par suite des circonstances l'Ecole de droit
royale du Caire paraissait avoir perdu quelque
peu son caractère scientifique; et, tout en appré-

ciant la valeur de son enseignement et les services rendus par elle, je crois pouvoir dire cependant que, par ses méthodes, par l'organisation de son enseignement, elle ressemblait plus à une école primaire supérieure, telle que nous comprenons en France un pareil établissement, qu'à une faculté d'Université. Le programme comportait quatre années d'études pour obtenir le grade de licencié. L'enseignement s'adressait à des étudiants très nombreux sans doute, tous bacheliers égyptiens, quelques-uns très instruits, mais dont la majorité avaient une culture générale un peu insuffisante. Pour cette raison même beaucoup d'enseignements étrangers au droit et à l'économie politique étaient compris dans le programme d'études et donnés à l'Ecole de droit elle-même. D'autre part, les méthodes en faveur n'étaient pas celles de l'enseignement supérieur. Malgré l'effort constant des professeurs, les étudiants persistaient à demander plus à leur mémoire qu'au raisonnement et au travail personnel; ils mesuraient la difficulté d'un examen au nombre de pages qu'ils devaient apprendre par cœur. Aussi bien le nombre des leçons qui leur étaient imposées, la multiplicité des matières figurant au programme favorisaient singulièrement ces habitudes défectueuses.

Il fallait donc, tout en maintenant les situations acquises, réformer l'organisation, modifier les programmes, changer les méthodes, pour que l'Ecole de droit devînt vraiment une faculté de

droit et un véritable établissement d'enseignement
supérieur.

L'œuvre fut facile grâce à la bonne volonté
et au concours dévoué de tous mes collègues à
la Faculté de droit, en particulier grâce à l'activité
et au zèle éclairé du vice-doyen Abd-el-Fattah
el Sayed Bey. Après quelques échanges de vues
l'accord s'établit et les réformes furent consacrées
dans un projet de règlement voté à l'unanimité
par les membres du conseil de la Faculté. Les
programmes étaient modifiés et mieux coordonnés.
Désormais ils portaient uniquement sur le droit
et l'économie politique. Il était inutile d'enseigner
à la Faculté de droit des disciplines de culture
générale, car il avait été décidé par le conseil de
l'Université et le gouvernement qu'avant d'entrer
à la Faculté de droit les bacheliers égyptiens fe-
raient un stage d'un an à la Faculté des lettres
pour compléter leur instruction générale, que
même les jeunes gens qui, suivant l'ancien programme, n'auraient fait que quatre années d'enseignement secondaire resteraient deux ans à la
Faculté des lettres avant d'entrer à la Faculté
de droit. Dans ces conditions la durée des études
pour la licence en droit pouvait très utilement
être réduite à trois ans. Les matières qui en devaient
faire l'objet étaient logiquement réparties. En
première année on devait étudier plus spécialement
les disciplines d'ordre général et préparatoires à
la technique juridique, comme l'introduction générale à l'étude du droit, l'histoire générale du droit,

l'économie politique, l'organisation générale des pouvoirs publics, et en outre les parties du droit les plus facilement accessibles : le droit des biens et le droit criminel. En seconde année étaient placées les parties capitales du droit public et du droit privé, le droit administratif d'une part, les contrats et obligations de l'autre; on y ajoutait la procédure civile, la procédure criminelle et le droit international public. Enfin, en troisième année l'étudiant était appelé à suivre l'application des principes généraux, étudiés en deuxième année, dans les parties plus spéciales du droit : les sûretés personnelles et réelles, les contrats spéciaux en droit civil, le droit commercial, les voies d'exécution, le droit international privé, la législation financière. Sur la demande des cheiks professeurs à la Faculté de droit, qui m'ont toujours apporté le concours le plus cordial et le plus éclairé, ce dont je les remercie, l'enseignement du droit musulman était réparti entre la seconde et la troisième année.

Nous avons été aussi unanimes à reconnaître que les étudiants ne devaient pas être astreints à trop de cours, qu'il fallait leur laisser du loisir pour les travaux personnels, qui seraient d'ailleurs dirigés par des maîtres de conférences, lesquels leur apprendraient les bonnes méthodes. C'est pourquoi le règlement décidait que dans chaque année il y aurait seulement neuf semestres de cours, que chaque cours ne comporterait au maximum que trois leçons par semaine d'une heure chacune. Au moyen de ces réformes et grâce à l'esprit dont elles s'inspiraient, on pouvait légitimement attendre la réalisation du but poursuivi : la disparition des mauvaises méthodes encore en faveur à l'Ecole de droit devenue la Faculté et l'institution d'un enseignement vraiment scientifique du droit et de l'économie politique.

Il ne suffisait pas de réorganiser la licence en droit. Puisque désormais il existait au Caire une Faculté de droit partie intégrante d'une grande Université, il fallait de toute nécessité y établir un enseignement supérieur du droit et de l'économie politique qui aurait pour sanction le grade de docteur.

Le gouvernement, le conseil de l'Université et le conseil de la Faculté l'ont unanimement reconnu. Sur ma proposition le conseil de la Faculté instituait un régime de doctorat directement inspiré par les dispositions de notre décret du 2 mai 1925. La faculté a demandé la création de trois diplômes d'études supérieures : un diplôme d'études supérieures de droit public, un diplôme d'études supérieures de droit privé et un diplôme d'études supérieures d'économie politique. Elle a demandé en outre que la collation du grade de docteur soit déterminée par l'obtention de deux de ces diplômes et la soutenance d'une thèse. Un pareil système donnait une grande souplesse à l'enseignement supérieur du droit et de l'économie politique. Il devait attirer à la Faculté tous ceux qui, déjà licenciés en droit, désiraient approfondir une ou plusieurs des disciplines qu'elle enseigne.

Ce règlement fut adopté en quelque sorte d'enthousiasme par le conseil de l'Université et Son Excellence M. le Ministre de l'Instruction publique en autorisait la mise en application immédiate.

Il était convenu que l'enseignement en vue des diplômes d'études supérieures serait donné en français et suivant les méthodes françaises, qu'il y aurait en principe à la Faculté de droit au moins trois professeurs pourvus du titre d'agrégé des Facultés de droit françaises et placés à la tête de chacune des sections correspondant à chacun des diplômes d'études supérieures. Ces professeurs seraient véritablement directeurs d'études dans la section avec la collaboration d'autres professeurs français et aussi de professeurs égyptiens pourvus du grade de docteur en droit français.

Plus de cinquante licenciés en droit égyptien s'inscrivirent immédiatement en vue du doctorat et, dans une séance solennelle, sous la présidence de Son Excellence Ali Maher Pacha, le 7 janvier 1926, en présence des plus hautes notabilités de la société égyptienne et des colonies étrangères, était inauguré l'enseignement du doctorat à la Faculté de droit de l'Université égyptienne. Après un remarquable discours de mon collègue et ami Ab-del-Fattah El Sayed Bey, vice-doyen, je prononçais la leçon qui figure en tête de ce recueil, leçon sur les sciences sociales en général, leur objet et leur méthode, et aussi sur la mission d'une Université et le rôle particulier des Facultés de droit.

Duguit

C'était la leçon d'ouverture du cours de droit public général qui devait comprendre quinze leçons, lesquelles sont publiées dans ce petit livre. Elles furent suivies non seulement par les jeunes gens inscrits pour le doctorat, mais encore par un public nombreux et fidèle se composant de hauts fonctionnaires, de magistrats, de professeurs, d'avocats, de personnes cultivées s'intéressant aux grands problèmes du droit moderne. Je tiens à remercier ici cordialement mes auditeurs de leur précieux concours.

La direction de la section de droit privé était confiée à mon savant collègue M. le Professeur Ricol de Toulouse, qui fit un cours sur les nouvelles doctrines en matière de contrats et d'obligations, cours qui réunit lui aussi un nombreux auditoire. Dès les premiers jours de mars arrivait au Caire M. le Professeur Scelle de Dijon, qui exposait devant le même public les grandes questions du droit international.

Cet enseignement en vue des diplômes d'études supérieures devait être complété par des conférences et des exercices pratiques sur la procédure civile et criminelle, le droit public, le droit civil, qui seraient dirigés par MM. les professeurs Abd-el-Fattah el Sayed Bey, Abd-el-Salam Zohni Bey, et Mohamed Sadek Fahmi Bey, tous les trois docteurs des Facultés françaises et tous les trois auteurs de remarquables travaux.

Ainsi au moment où la mission que m'avait confiée le gouvernement égyptien arrivait à sa fin, c'est-à-dire vers le milieu du mois de mars, l'œuvre à laquelle j'avais eu l'honneur d'être associé était réalisée. Les règlements organiques de l'Université, préparés par la commission des doyens sous la présidence du Recteur, avaient été votés en partie par le conseil de l'Université qui avait consacré ainsi les principes essentiels à toute organisation universitaire. Ils n'attendaient plus que l'approbation du gouvernement qui ne pouvait tarder. Les enseignements à la Faculté de droit, tant pour la licence que pour le doctorat, avaient été organisés ou institués suivant un plan logique. Des dispositions réglaient la période transitoire. L'ancienne Ecole de droit devenait vraiment une Faculté qui devait être un foyer actif d'études juridiques et économiques.

Cependant j'apprenais, non sans quelque mélancolie, que, peu de temps après mon départ, le principe admis unanimement pendant mon séjour par la Faculté de droit et par le conseil de l'Université, approuvé par Son Excellence M. le Ministre de l'Instruction publique et par Son Excellence M. le Recteur, paraissait avoir été abandonné ou du moins momentanément écarté. J'apprenais qu'un fonctionnaire du ministère de l'Instruction publique, non pourvu du grade de docteur, était, contrairement au règlement adopté, nommé professeur à la Faculté de droit et institué doyen sans que l'avis de la faculté ait été demandé. J'apprenais aussi que les programmes, adoptés sur ma proposition à l'unanimité par la Faculté

de droit et par le conseil de l'Université, étaient
bouleversés, que notamment on plaçait en première année l'étude des contrats et obligations,
la matière la plus difficile de l'encyclopédie juridique et que les étudiants de première année sont
dans l'impossibilité absolue de comprendre. J'apprenais qu'on revenait à l'abus des cours, aux
mauvaises méthodes qu'on avait voulu supprimer
parce qu'elles demandent tout à la mémoire de
l'étudiant et rien à son raisonnement et à son
travail personnel.

Je ne puis croire qu'il y ait là des mesures défi-
nitives. Malgré tout je reste plein de confiance dans
l'avenir de l'Université égyptienne et de la Faculté
de droit. Elles rempliront l'une et l'autre pleinement leur destinée; nous en avons pour garants
les nobles pensées et le haut idéal dont s'inspirent
Sa Majesté le roi Fouad, son gouvernement et
le parlement d'Egypte.

Je publie ces leçons de droit public telles qu'elles
ont été prononcées et recueillies par la sténographie[1].
Elles n'ont pas la prétention d'être l'exposé de
doctrines nouvelles et originales. Elles sont seulement le résumé de théories sur le droit et l'Etat,
qui sont développées dans les cinq volumes de

---

1. Sténographie de M. Hassan Saleh Djeddaoui, attaché
au secrétariat de la Faculté de droit; je l'en remercie bien
vivement.

mon *Traité de droit constitutionnel*. Peut-être seront-elles commodes pour tous ceux qui s'intéressent à ces questions et qui n'ont pas le temps de lire de gros ouvrages. Peut-être seront-elles commodes spécialement aux étudiants en doctorat égyptien.

Leur publication est avant tout un hommage à l'Université d'Egypte et un témoignage de reconnaissance envers mes fidèles auditeurs.

Bordeaux, 1er août 1926.

LEÇON D'OUVERTURE

Les Sciences sociales,
leur objet, leur méthode.

Excellence [1], Messieurs,

Si une date doit rester glorieuse dans l'histoire de votre pays, qui remonte à un si lointain passé, si un acte doit avant tout illustrer le règne de Sa Majesté le Roi Fouad, c'est bien la date du 11 mars 1925, c'est bien l'acte de ce même jour portant création et organisation de l'Université égyptienne.

I

Qu'est-ce donc qu'une Université? C'est une question qu'il semble oiseux de poser et à laquelle tout le monde peut répondre aisément si l'on en juge par le nombre d'universités de tout genre, écloses de toute part. C'est un mot tout

---

1. Son Excellence Ali Maher Pacha, ministre de l'Instruction publique.

à fait à la mode. A Paris notamment, combien y a-t-il d'universités, universités d'escrime, de sport, de beauté, des Annales et bien d'autres encore. On fait un étrange abus de ce beau nom d'Université qu'on ne devrait jamais prononcer qu'avec respect.

Une université, c'est une institution qui a pour premier devoir de chercher la vérité. Y a-t-il une mission plus haute que celle de découvrir la vérité ou du moins la toute petite parcelle de vérité qu'il nous est permis de connaître? Y a-t-il une tâche qui soit plus noble et qui élève plus l'humanité? Pascal n'a-t-il pas dit de l'homme que si « l'univers l'écrasait, il serait encore plus noble que ce qui le tue, parce qu'il sait qu'il meurt et l'avantage que l'univers a sur lui, l'univers n'en sait rien »? Ce que l'homme découvre de la vérité est infime; mais cependant c'est par là, et par là seulement, qu'il est grand.

Je fais partie à Paris d'une société qui s'est donné le beau nom de « Union pour la Vérité ». Un dimanche de l'hiver dernier, nous étions réunis attendant le président en retard. Il arrive enfin ayant en mains deux tableaux en carton noir, l'un très grand, et l'autre tout petit. « C'est l'achat de ces deux tableaux, nous dit-il, qui m'a retardé. »
— « A quoi vont-ils servir? lui demandons-nous.
— « Le grand, nous répondit-il, est pour inscrire les erreurs, et le tout petit, pour inscrire les vérités, et il sera encore trop grand. » Eh bien, Messieurs, si le tableau des vérités est tout petit, qu'il soit

cependant le nôtre; gardons-le jalousement;
travaillons énergiquement et sans cesse à l'agrandir.
Mais comprenons que la vérité n'est pas dans les
étoiles, qu'elle est sur la terre, qu'elle est essentiellement humaine.

Ce n'est pas le rôle des professeurs de rester
dans une tour d'ivoire. Il faut qu'ils se mêlent
chaque jour à la vie et remplissent sans relâche
un rôle social qui doit être de premier ordre. Les
facultés sont toutes des établissements scientifiques pour la recherche de la vérité; mais il faut
aussi qu'elles réalisent et mettent en œuvre cette
vérité, c'est dire qu'elles doivent être toutes en
même temps des établissements d'instruction professionnelle.

La loi créant l'Université égyptienne est remarquablement bien faite. Les deux qualités, que
prise surtout le professeur de droit qui doit enseigner
les lois, c'est la clarté et la brièveté, deux qualités
que la loi du 11 mars possède à un degré éminent.
Elle a divisé la nouvelle Université en quatre
facultés : 1º la Faculté des lettres; 2º la Faculté
des sciences; 3º la Faculté de médecine; 4º la
Faculté de droit. Elle a ainsi, il faut bien le dire,
renversé l'ordre traditionnel. Il est de tradition
en effet que la Faculté de droit passe la première.
A cela il existe une raison historique. Au Moyen-
âge toutes les sciences étaient concentrées en une
seule, la théologie. Celle qui avait été longtemps
sa servante « ancilla theologiæ » et qui à son honneur s'en est détachée la première est la juris-

prudence, affirmant ainsi l'émancipation de l'esprit humain. Se constitue ensuite la Faculté de médecine, puis enfin une Faculté qui reçoit un nom charmant, la Faculté des arts et qui au xixe siècle se divise en Faculté des sciences et Faculté des lettres. Nous sommes donc ainsi, d'après la loi égyptienne au quatrième rang, alors qu'historiquement et traditionnellement nous sommes au premier. Au surplus je n'en fais pas grief aux auteurs de la loi. La vérité est que les quatre facultés sont égales, sœurs jumelles de travail et d'énergie, et, je l'espère, un jour prochain, sœurs jumelles de gloire.

Comment se divise entre elles le travail universitaire ? La Faculté des lettres, c'est surtout la faculté des arts ou plutôt des beaux-arts. Elle enseigne les différentes manifestations du beau, sous toutes ses formes ; mais elle doit aussi travailler au développement de la culture générale, par l'étude de l'histoire, de la géographie, de la sociologie, de la philosophie ; son rôle est d'élargir l'esprit humain et nos futurs étudiants en droit y viendront chercher un complément de préparation à celle reçue dans les établissements secondaires.

La Faculté des sciences étudie les problèmes scientifiques de tous ordres : mathématiques, physique, chimie, sciences naturelles, physiologie, biologie.

La Faculté de médecine étudie elle aussi la science de la vie, mais de la vie à l'état de maladie, de la vie pathologique. A elle se pose un problème singulièrement troublant : qu'est-ce que la vie, qu'est-ce que la maladie, qu'est-ce que la souffrance et la mort ? Personne ne le sait; le saura-t-on jamais. Mais je passe; j'ai hâte d'arriver à la Faculté de droit.

II

Les Facultés de droit, ce sont les grandes calomniées. Beaucoup de personnes qui ne sont jamais entrées chez nous croient qu'on s'y borne à lire et à commenter un texte plus ou moins obscur de la loi, à essayer de démêler la pensée plus ou moins confuse du législateur, en un mot à faire l'exégèse de la loi positive. Il y a quelques années j'étais appelé à Buenos-Aires pour y donner des conférences à la Faculté de droit. Quelques jours avant mon départ, je rencontre un de mes amis, qui m'arrête et me dit : « Vous allez faire des conférences à la Faculté de droit de Buenos-Aires. Les lois argentines sont donc les mêmes que les lois françaises ». — « Mon pauvre ami, lui répondis-je, vous en êtes donc encore à ignorer qu'il y a de nombreuses règles de droit non écrites, qui sont les mêmes pour tous les pays civilisés, et que l'évolution générale du droit est identique chez tous les peuples parvenus au même stade. » Ce sont précisément ces règles générales et cette évolution que doivent avant tout étudier nos Facultés. Je le dis nettement et avec la plus entière conviction : si le rôle du professeur de droit devait se borner à commenter les lois positives, il ne vaudrait pas une minute d'effort et de travail.

La mission des Facultés de droit va encore plus loin. Elles sont, elles doivent être des Facul*és de ï sciences sociales. Elles conservent leur nom traditionnel; mais peu importe le nom, elles doivent être, je le répète, des Facultés de sciences sociales.

III

Qu'est-ce donc que les sciences sociales ? Quel est leur objet, quelle est leur méthode ?

J'ai jusqu'à présent parlé de la science, mais je n'en ai point donné la définition. Bien qu'on ait à ce propos amoncelé les discussions et les dissertations, la définition de la science est très simple. Au reste il en est des définitions comme des lois. Les meilleures sont les plus courtes. On peut définir la science toute étude faite en un ordre méthodique pour découvrir la vérité, et j'ajouterai, bien que cela paraisse un truisme et que je répète dans la définition le mot à définir, toute étude faite avec un esprit scientifique. Reste à définir ce qu'est l'esprit scientifique et cela on ne peut le faire qu'en disant ce qu'il n'est pas, ou ce qui est son contraire, c'est-à-dire ce qu'on est convenu aujourd'hui d'appeler l'esprit primaire.

Qu'il n'y ait pas de malentendu. Loin de moi la pensée de parler de l'enseignement primaire en un sens péjoratif. Il n'y a pas de rôle plus noble, plus admirable que celui de l'instituteur qui ouvre à la lumière de l'esprit les yeux des petits, qui leur apprend à lire, à écrire et les règles d'arithmétique. La grandeur d'une nation dépend avant tout de ses instituteurs et de l'enseignement qu'ils donnent. Ce qu'on est convenu d'appeler l'esprit primaire est tout autre chose. C'est un travers de l'esprit qui n'est que trop répandu dans les démocraties peuplées de demi-savants. Il se caractérise par cette double croyance que tout est facile et que l'homme sait tout. Or les choses sont éminemment complexes et tout est infiniment difficile. Et d'autre part, nous ne ferons de la science que si nous sommes intimement pénétrés de cette idée que l'homme ne sait rien et qu'après quarante années d'étude le spécialiste d'une science aperçoit bien mieux qu'à ses débuts l'immensité de son ignorance.

On fera donc de la science toutes les fois qu'en se dégageant de l'esprit primaire et des préjugés de tous ordres on procédera d'une manière méthodique à la recherche de la vérité, dans un ordre quelconque des connaissances humaines. Les sciences sociales sont celles qui dans cet esprit étudient les faits sociaux. Reste à savoir ce qu'est un fait social.

IV

A ce sujet nous nous trouvons en présence de deux doctrines ou plutôt de deux attitudes opposées qui, ni l'une ni l'autre, ne sont à mon sens conformes à la vérité.

De bons esprits disent encore qu'il n'y a pas en réalité de faits sociaux, qu'il n'y a que des faits individuels, des manifestations de volontés individuelles; qu'il peut y avoir une psychologie de l'individu, mais point à vrai dire une sociologie. On s'attache à montrer que même les faits économiques, qui paraissent se produire et se développer à la manière des phénomènes physiques, ne sont que des manifestations de volontés individuelles, que par exemple la hausse et la baisse des changes ou des prix est tout simplement le résultat de décisions individuelles prises consciemment et librement par les intéressés.

Tout à l'opposé de cette conception, la doctrine sociologique pure a parlé d'une physique sociale, laissant entendre par là qu'il y a des phénomènes sociaux soumis à des lois analogues à celles du monde physique. Plus souvent, comme les deux grands sociologues l'un allemand, Schæffle auteur d'un livre célèbre *Bau und Lebung des sozial Korpers*, et l'autre anglais, Herbert Spencer, qui a eu son heure de célébrité et a tenté de construire un vaste système socio-philosophique, on a prétendu que les phénomènes sociaux sont de même nature que les phénomènes biologiques; on a parlé de physiologie et d'anatomie sociales et on a soutenu que les lois sociales sont de même ordre que les lois de la vie.

A mon sens, ces diverses doctrines sont également

fausses. Il est vrai que les faits sociaux ne nous apparaissent qu'au moyen de manifestations indi-viduelles et qu'ils ont toujours pour support un acte individuel. Ainsi par exemple, le droit cri-minel d'un pays ne nous apparaît que lorsqu'il est violé et que des infractions provoquent une réaction sociale plus ou moins complètement or-ganisée. Mais il n'en est pas moins vrai aussi que, derrière cette manifestation individuelle, il y a une réalité sociale qui consiste précisément dans la réaction collective provoquée par l'acte individuel. Si bien que le fait social peut se définir : toute réaction collective provoquée par un acte individuel.

Pour comprendre le sens et la portée de cette définition, on peut prendre un exemple très simple et que voici. Il s'agit d'un fait social qui pour un observateur superficiel paraît de bien peu d'im-portance et qui cependant ne doit point échapper aux méditations du sociologue; j'ai en vue la mode des vêtements aussi bien masculins que fé-minins. Supposez que dans nos pays européens, qui n'ont pas votre merveilleux climat, un jour de neige et de glace, un promeneur exhibe un pantalon blanc; il excitera les regards, les rires, les plaisanteries des passants, et comme une action collective contre l'atteinte qu'il a apportée à un usage constant. La mode nous apparaît ainsi, non plus comme une simple manifestation de volontés individuelles, mais bien comme un fait social ayant en lui-même sa réalité.

L'exemple et la même démonstration pourraient être tirés de faits sociaux d'un ordre plus élevé et qu'on a essayé de classer en faits économiques, politiques, moraux, juridiques. Mais je ne veux pas entrer dans le détail de ces distinctions. Un mot seulement sur les faits d'ordre juridique.

V

Les faits d'ordre juridique apparaissent lorsqu'a pénétré dans la masse des consciences individuelles, à un moment déterminé et dans une société donnée, l'idée que tel acte individuel, s'il est accompli, doit provoquer une réaction sociale organisée. Cette organisation peut être plus ou moins imparfaite, peu importe. Le droit d'un pays existe comme fait social, au moment où on comprend que la violation de certaines règles doit être collectivement réprimée, et cela m'amène à préciser la différence des faits sociaux et des phénomènes du monde vivant ou du monde physique.

De ces derniers, il est impossible d'affirmer que derrière eux il y ait une volonté consciente, et ils paraissent se succéder les uns aux autres suivant une loi permanente et fixe. Par suite, les sciences physiques et naturelles paraissent pouvoir établir de véritables lois : lois de coexistence et de succession. Je ne dis pas des lois de cause, parce que celles-ci supposent, comme postulat, le concept de causalité, concept métaphysique que doit écarter toute science positive, comme je le dirai dans un instant. Ces lois de coexistences et de succession sont-elles nécessaires, universelles ou contingentes et spéciales ? Personne ne le sait, même pas l'illustre Boutroux, qui a écrit un livre sur la *Contingence des lois de la nature*. Il semble cependant que dans le monde que nous connaissons elles agissent comme des lois générales et nécessaires.

Dans le monde social les faits ayant toujours pour support des actes conscients de volontés individuelles et se manifestant par ces mêmes actes, l'observateur ne peut pas et ne doit pas tenter de formuler des lois de coexistence ou de succession, mais bien des normes ou des règles de conduite. On a dit quelquefois des lois de but, en les opposant aux lois de cause; mais cela implique le concept de finalité, lui aussi d'ordre métaphysique, qui pour cette raison, tout comme le concept de causalité, doit être éliminé de la science positive.

Il est vrai qu'ici nous nous trouvons en présence d'une question singulièrement angoissante que les philosophes discutent depuis le commencement du monde. Certainement au moment où Chéops bâtissait la grande pyramide, les philosophes égyptiens, comme ceux de 1926, avaient posé le problème du libre-arbitre et le discutaient passionnément. L'homme est-il libre et responsable de ses actes ? Question scientifiquement insoluble et dont les esprits les plus subtils ne pourront jamais donner la solution. Contentons-nous de dire que les choses se passent comme si l'homme est libre, et agissons en conséquence.

Duguit

3

VI

Reste à déterminer la méthode des sciences sociales. On a souvent enseigné que les sciences sociales ont une méthode propre, qui n'est point celle des sciences physiques ou naturelles. C'est à mon sens une singulière erreur; car toute méthode scientifique est déterminée par les lois de l'esprit humain, qui sont évidemment les mêmes quel que soit le domaine dans lequel il cherche et travaille, lois qui limitent son pouvo r et qui règlent son action.

Le temps ne me permet pas de développer ces règles de méthode, je me borne à les énoncer. Elles sont au nombre de trois :

1º Observer les faits d'une manière impersonnelle, comme on dit aujourd'hui d'une manière objective, et faire un effort constant pour se soustraire à l'influence de l'hérédité, du milieu et des préjugés de tous ordres, nationaux, religieux ou autres.

2º Appliquer le raisonnement déductif, mais simplement comme un instrument de découverte; vérifier sur les faits les conclusions auxquelles a conduit la déduction logique et, si elles ne concordent pas avec eux, rejeter impitoyablement l'hypothèse de laquelle on est parti; ne jamais tenter de soumettre les faits à la logique; tôt ou tard ils prennent leur revanche et alors on arrive quelquefois à la catastrophe.

3º Enfin rejeter tous concepts à priori et les laisser au domaine de la foi religieuse ou métaphysique. J'appelle concept toute idée d'une chose qui échappe à l'observation directe des sens, et qui est par conséquent une pure entité métaphysique. On ne fait vraiment de la science que si l'on élimine de son cnamp toute entité de ce genre.

Je ne puis rappeler qu'en quelques mots la doctrine célèbre des trois états enseignés par Auguste Comte, doctrine qui a rencontré beaucoup de détracteurs et des plaisanteries plus ou moins spirituelles, mais qui exprime bien le sens général de l'évolution humaine. L'homme a voulu d'abord expliquer tous les phénomènes de la nature en plaçant derrière eux des divinités; c'était la période théocratique. Plus tard, derrière les phénomènes qu'il voyait, il a placé des entités métaphysiques; c'était l'époque métaphysique. Par exemple derrière les phénomènes de la vie on plaçait le principe vital; derrière les phénomènes pathologiques, le principe morbide, la diathèse; plus anciennement, derrière les phénomènes de combustion, le flogistique, derrière les phénomènes caloriques, le calorique, et enfin, il n'y a pas bien longtemps, derrière les phénomènes psychiques, l'âme substance pensante. Ces croyances à des divinités ou à des entités métaphysiques, elles sont du domaine de la conscience individuelle. Je les respecte profondément, je peux même dire que je les envie; mais j'affirme qu'elles doivent être impitoyablement bannies du domaine scientifique.

VII

Alors une objection capitale vient à tous les esprits. Si nous éliminons ainsi du monde social tout concept à priori, tout concept d'une règle idéale, tout concept du bien en soi, nous éliminons tout idéal et nous rendons impossible toute hiérarchie des valeurs sociales. Dès lors à quoi servent tous nos efforts ?

Eh bien non ! Je suis de ceux qui pensent que la science sociale positive n'est point impuissante à définir un idéal et à formuler les règles de conduite pour le réaliser. Mais cet idéal, il est sur la terre, il est humain, pleinement et exclusivement humain. Il est déterminé par la connaissance des éléments qui constituent toute société humaine et qu'on a résumés dans un mot, qui a eu la triste fortune de devenir banal, tant les politiciens en ont fait abus, mais qui exprime bien cependant la réalité sociale. C'est le mot : solidarité sociale. Seul il exprime cette vérité fondamentale que l'homme est à la fois individuel et social, que l'individu ne peut vivre qu'en société et que la société ne peut vivre que par l'individu. S'il en est ainsi, l'homme se rapprochera d'autant plus de l'idéal qu'il comprendra mieux ce qu'est la solidarité sociale et qu'il travaillera plus énergiquement à la réaliser.

C'est précisément la mission essentielle des Facultés de droit : rechercher et montrer les éléments constitutifs de toute société; formuler les règles qui s'imposent aux individus, aux collectivités et à l'Etat pour réaliser la solidarité sociale et se rapprocher ainsi par un effort continu de l'idéal humain.

C'est à cette œuvre, Messieurs, que je vous convie; il n'y en a pas de plus noble; elle est digne de vous-mêmes; elle est digne de votre roi; elle est digne de votre grand pays.

7 janvier 1926.

DEUXIÈME LEÇON

La règle de droit et la question du droit subjectif.

Messieurs,

Beaucoup de gens font du droit depuis bien longtemps sans soupçonner cette distinction de la règle de droit ou droit objectif et du droit subjectif. Elle est cependant fondamentale et la condition indispensable pour comprendre le droit. C'est pourquoi cette leçon tout entière sera consacrée à son étude.

I

J'insiste d'abord sur trois points :

1º Une science quelconque ne peut progresser que si elle a une langue bien faite. Si l'on veut s'entendre, il faut désigner les mêmes choses par les mêmes mots et les choses différentes par des mots différents; autrement c'est l'incohérence et la confusion.

2° Il faut se prémunir contre une erreur communément répandue, celle qui consiste à établir une séparation absolue entre le droit public et le droit privé. Sans doute il faut distinguer ces deux parties du droit, mais il ne faut pas établir entre elles une sorte de muraille infranchissable : ce qu'est une notion de droit l'est aussi bien en droit public qu'en droit privé. La distinction que je fais ici entre le droit objectif et le droit subjectif est identiquement la même du point de vue du droit public que du point de vue du droit privé; ou encore la notion de contrat a exactement le même caractère et la même valeur que vous considériez un accord entre l'Etat et un particulier ou une convention entre deux particuliers.

Cette séparation du droit public et du droit privé nous vient des Allemands. Les juristes allemands ont écrit d'excellentes choses, mais beaucoup d'entre eux ont été déterminés par des arrière-pensées, et, en opposant ainsi le droit public au droit privé, ils n'avaient d'autre but que de trouver un moyen d'apparence juridique pour soutenir que l'Etat n'est pas obligé par ses engagements.

3° Ne croyez pas que les distinctions et les analyses que nous allons faire soient des subtilités inutiles. D'abord il n'est jamais inutile d'avoir des idées théoriquement exactes. D'autre part, nous verrons par la suite que toutes les distinctions théoriques que nous ferons ont leur application immédiate dans la pratique et permettent seules de résoudre de nombreuses questions qui se posent constamment devant les tribunaux. Par exemple tout le monde connaît la règle de la non-rétroactivité des lois et les nombreuses questions qu'elle soulève. On verra que ces questions ne peuvent être comprises et résolues que si l'on comprend la distinction du droit objectif et du droit subjectif.

II

Droit objectif et droit subjectif : ce sont des mots qui ont rencontré beaucoup d'opposition et même de railleries. Je ne tiens pas à ces mots. Si l'on m'en donne d'autres, je les accepte; mais je tiens à la distinction qui est fondamentale.

La langue arabe, m'a-t-on dit, a des mots différents pour désigner le droit objectif et le droit subjectif : le mot *kanoun* pour le droit objectif et le mot *hak* pour le droit subjectif. Les Anglais ont également deux mots : *law* pour le droit objectif et *right* pour le droit subjectif. Les Allemands et les Français au contraire n'ont qu'un seul mot. Ainsi nous disons : un tel fait son droit, c'est-à-dire étudie les règles de droit ou le droit objectif; ou encore le droit interdit de faire telle chose, ordonne de faire telle chose : c'est évidemment la règle de droit ou droit objectif qui contient cette défense ou cette injonction. Nous disons encore : j'ai le droit de voter; j'ai un droit de propriété; j'ai un droit de créance, c'est-à-dire j'ai le pouvoir ou le droit subjectif de voter, d'user et de jouir d'une certaine chose, de réclamer une certaine prestation.

On emploie ainsi le mot droit pour désigner deux choses différentes : ou bien la règle impérative, ou bien le pouvoir d'agir; et pour éviter toute confusion il faut de toute nécessité ajouter un adjectif. La règle, c'est le *droit objectif*; le pouvoir d'agir, c'est le *droit subjectif*.

Cela suffit à des gens du monde, mais non pas aux juristes. Il faut donc essayer de déterminer d'une façon plus précise la nature et le fondement du droit objectif et du droit subjectif.

III

D'après ce que je viens de dire, le droit objectif est l'ensemble des règles de droit qui s'appliquent dans une société donnée. La nation étant le type normal des sociétés modernes civilisées, il y a dans chacune d'elles des règles qui s'imposent aux individus qui la composent, sous une sanction sociale plus ou moins bien organisée. L'ensemble de ces règles forme le droit objectif de cette nation.

A quoi reconnaît-on qu'une règle est une règle de droit ? A cette question il y a une réponse extrêmement simple que donnent beaucoup d'auteurs allemands et particulièrement le grand jurisconsulte Ihering. Ils enseignent qu'il n'y a de règle de droit que celle à laquelle l'Etat dans sa toute puissance attribue ce caractère, que toute règle édictée comme telle par l'Etat est une règle de droit, en un mot que la règle de droit se confond avec la loi positive. Un célèbre jurisconsulte bavarois, Seydel, a écrit : « C'est un principe hors de toute contestation qu'il n'y a pas de droit au-dessus de l'Etat, qu'il n'y a pas de droit à côté de l'Etat, qu'il n'y a de droit que par l'Etat [1]. »

Je proteste énergiquement et j'affirme qu'il y a un droit sans l'Etat et au-dessus de l'Etat. Si la règle de droit était une pure création de l'Etat ce serait la toute puissance de celui-ci, et cela est pratiquement inadmissible. Mais s'il y a des règles de droit en dehors et au-dessus des lois positives, comment reconnaître qu'une règle sociale est une règle de droit?

Le problème n'est pas sans difficulté et les solutions proposées sont nombreuses. Peu importe; admettez la solution que vous voudrez, pourvu que vous admettiez qu'il y a une règle de droit supérieure à la loi positive. Aussi bien les divers systèmes proposés sur le fondement du droit objectif se rattachent-ils tous à deux attitudes opposées : l'attitude métaphysique et l'attitude réaliste ou positiviste, en laissant de côté l'attitude intermédiaire ou pragmatiste.

Dans l'attitude métaphysique on déclare que le fondement du droit objectif est un concept de l'esprit, le concept du droit en soi, créé par l'être absolu et révélé à l'esprit humain. Il n'y

---

1. Seydel, *Grundzüge einer allgemeinen Staatslehre*, 1873, p. 14.

aurait donc de règle de droit que celle qui serait conforme à l'absolu juridique conçu par l'esprit de l'homme.

Quel est ce principe absolu ? Ici on se divise; les uns enseignent la doctrine individualiste, les autres celle que j'appelle la doctrine socialiste (sans aucune arrière-pensée politique et tout simplement parce que je n'ai pas un autre mot). Les premiers affirment que l'homme comme tel, avant d'être en société, et par le fait même de sa naissance, est titulaire de certains droits subjectifs naturels, inaliénables et imprescriptibles, que toutes les règles de droit sont destinées à les protéger et qu'il n'y a de règles de droit que celles qui tendent à ce but.

La Déclaration française des droits de l'homme en 1789 a formulé cette doctrine en termes d'une admirable précision. Cette date de 1789 est une des plus importantes dans l'histoire du monde, car c'est la première fois qu'une société politique, déjà constituée et consciente d'elle-même, affirme qu'il y a des limitations au pouvoir de l'Etat et déclare solennellement que l'Etat ne peut pas tout faire. On l'avait bien dit quelques années auparavant en Amérique; mais c'était une société qui se constituait et qui rédigeait son pacte social.

Quelque noble que soit l'inspiration de la doctrine individualiste, elle est cependant fausse en soi, inadmissible théoriquement et pratiquement : théoriquement, parce que sans raison elle attribue à l'homme des droits antérieurs à la société, et pratiquement parce que l'expérience a montré qu'elle était impuissante à fonder la limitation des pouvoirs de l'Etat.

La doctrine socialiste, à l'opposé de la doctrine individualiste, enseigne qu'il y a une règle sociale qui existe dans la conscience humaine, parce que celle-ci a le concept d'une règle de droit absolue. Le droit des individus dériverait alors de cette règle. Les deux doctrines reposent sur l'affirmation d'un concept juridique à priori, mais l'une, la doctrine individualiste, pose le droit subjectif pour en tirer la règle de droit; l'autre, la doctrine socialiste, pose la règle de droit pour en tirer le droit subjectif de l'individu.

La seconde, comme la première, doit être rejetée, parce que, comme elle, elle est théoriquement indémontrable, et parce que pratiquement elle est impuissante, comme on le verra plus tard, à limiter les pouvoirs de l'Etat.

Dans l'attitude réaliste on raisonne ainsi : le droit naturel et inné de l'individu, on ne peut l'accepter parce que l'homme isolé ne peut avoir de droit. Le droit n'apparaît que dans la société, parce qu'il implique un sujet actif et un sujet passif. Robinson, dans son île, n'avait pas et ne pouvait avoir de droit. Le concept d'une règle absolue, révélée à l'esprit par l'être suprême, est d'ordre purement métaphysique. Il peut être l'objet d'une croyance. Il ne peut servir de fondement à une construction scientifique. Dès lors, pour expliquer le droit objectif il ne reste que les faits eux-mêmes.

L'homme, il y a longtemps qu'on l'a dit, est un être social; il a toujours vécu en société et ne peut vivre qu'en société. Les sociétés elles-mêmes ne peuvent vivre que si les individus qui les composent sont soumis à une certaine discipline, à une règle qui s'impose à eux impérativement et dont l'exécution est socialement garantie. La règle sociale est la conséquence de la vie sociale elle-même. De même que dans un organisme vivant les cellules sont soumises à une certaine loi, qui est tout à la fois la condition de la vie organique et de la vie cellulaire, de même dans toute société humaine il y a nécessairement une norme qui est tout à la fois la condition de la vie sociale et de la vie individuelle. Cependant entre les lois de la vie et les normes sociales, il y a cette différence : les lois de la vie s'imposent à des éléments qui très probablement n'ont pas la conscience d'eux-mêmes, tandis qu'il est bien certain que l'homme a la conscience, plus ou moins claire, et de son être individuel et de son être social.

L'attitude réaliste ou positiviste a rencontré de très vives critiques dans le détail desquelles le temps ne me permet pas d'entrer. Je dirai seulement que toutes les règles sociales ne sont pas des règles de droit et qu'il reste à déterminer le moment auquel une règle sociale devient règle de droit, et à quel critérium on la reconnaît. Par exemple, les règles de mœurs ne sont certainement pas des règles de droit, quoique règles sociales puisque leur violation entraîne une certaine réaction;

mais il arrive un moment où elles deviennent règles de droit. Quel est ce moment?

On répond qu'une règle de mœurs devient règle de droit quand pénètre dans la conscience générale des individus composant une nation cette idée qu'il est légitime que cette règle soit socialement sanctionnée. Il n'est pas nécessaire pour que la norme soit une règle de droit que cette sanction sociale soit organisée; mais il faut qu'il apparaisse à tous qu'il est légitime et désirable qu'elle le soit. Ainsi, par exemple les règles de droit constitutionnel ne sont pas et ne peuvent pas être directement sanctionnées parce que l'Etat auquel elles s'adressent détient la force, parce qu'il est, comme disent les Allemands, par définition la force. Et pourtant les règles de droit constitutionnel sont bien des règles de droit, quand la masse du peuple, dans un pays donné, comprend qu'elles doivent être garanties et cherche comment elles doivent être sanctionnées directement ou indirectement.

Telles sont les diverses attitudes qui se présentent à nous relativement au problème du droit objectif. C'est à vous de choisir; peu importe celle que vous adopterez pourvu que vous affirmiez qu'il existe un droit objectif indépendant de l'Etat, au-dessus de l'Etat et s'imposant à lui.

IV

Si le droit objectif est l'ensemble des règles de droit existant à un moment dans un pays donné, indépendamment des lois positives nationales, il n'en est pas moins vrai qu'aujourd'hui en fait, avec le développement qu'ont acquis les lois écrites, dans les nations civilisées, il y a correspondance à peu près exacte entre le droit objectif et la législation positive de l'Etat considéré. Comme on l'a très bien dit, les nations modernes sont arrivées au stade législatif dans l'évolution générale du droit.

Néanmoins cette coïncidence n'est point complète ; malgré les codifications les mieux faites, le droit continue d'évoluer et sa formation reste constante et spontanée. La loi positive n'est pas et ne peut pas être modifiée aussi rapidement que le droit évolue et il y a forcément entre elle et le droit objectif un écart plus ou moins grand. Si je prends pour exemple le code Napoléon de 1804, on se tromperait· singulièrement si l'on croyait que le droit civil français en 1926 est le même que celui qui a été codifié en 1804. Il n'y a donc pas, je le répète, coïncidence complète entre le droit objectif et les lois positives d'un pays ; cependant, dans la généralité des cas la divergence peut être négligée. Pour faciliter l'exposition on peut parler comme si la coïncidence était complète et dire : la loi, au lieu de dire : le droit objectif.

Dans les lois dont l'ensemble constitue le droit objectif, il faut distinguer deux catégories tout à fait différentes, les lois que j'appelle *normatives* et celles que j'appelle *constructives*. La norme n'est pas toujours inscrite formellement dans la loi positive; mais elle existe toujours, formulée ou non, et elle est mise en œuvre par les dispositions constructives.

Gény fait une distinction analogue en opposant le « donné » et le « technique » ou le « construit[1] ». J'aime mieux dire, parce que c'est plus clair, les lois normatives et les lois constructives.

La loi normative formule la règle générale de droit, s'adressant à tous, aux simples particuliers comme aux agents publics. La disposition constructive intervient pour assurer la mise en œuvre et la réalisation de la norme; elle s'adresse uniquement aux agents publics chargés d'exécuter la loi, aux magistrats judiciaires, aux fonctionnaires administratifs.

Si je prends comme exemple une loi pénale, notamment celle qui décide que tout individu coupable de meurtre avec préméditation sera condamné à la peine de mort, j'aperçois là deux dispositions tout à fait distinctes. La première, la norme : il est défendu de tuer, défense qui s'adresse à tous. La deuxième : quiconque aura été reconnu coupable d'assassinat, sera condamné à mort, et dans tel pays sera pendu, dans tel autre guillotiné. Disposition purement constructive qui s'adresse exclusivement aux agents publics chargés de rechercher les coupables, de les juger et d'exécuter les condamnations pénales.

---

1. Gény, *Science et technique en droit privé positif*, I, 1914, p. 97.

Je scandalise parfois les professeurs de droit civil en leur disant que si l'on fait abstraction du droit de famille, le code Napoléon, malgré ses 2281 articles, ne contient en réalité que trois règles de droit que voici : 1º la règle qui impose le respect de la propriété individuelle; 2º celle qui reconnaît la force obligatoire des contrats; 3º celle enfin qui oblige quiconque a par sa faute occasionné un dommage à autrui à le réparer. Toutes les autres dispositions sont uniquement constructives, destinées à mettre en œuvre ces trois normes et s'adressent exclusivement aux juges. On y peut en principe déroger par des conventions particulières. Elles sont cependant des lois impératives parce qu'elles s'imposent au juge, qui est obligé de les appliquer s'il n'y a pas convention contraire des parties.

V

Qu'est-ce maintenant que le droit subjectif? C'est plus difficile à dire. A mon sens, le prétendu droit subjectif n'est rien si ce n'est une imagination métaphysique. La preuve en est les discussions interminables et confuses qui se sont élevées à ce sujet.

Le droit subjectif nous apparaît comme une qualité propre à certaines personnes, comme une possibilité, une faculté d'agir, comme le pouvoir d'une volonté de s'imposer à une autre. Mais quand on veut préciser on se heurte à des difficultés de tous genres. Ce sont surtout les Allemands et les Italiens qui ont discuté la question. Les philosophes français l'ont aperçue, mais l'ont obscurcie plutôt qu'éclairée. Seul, en France, le jurisconsulte Michoud a essayé de déterminer ce qu'est le droit subjectif; il n'y est pas mieux arrivé que les Allemands et les Italiens[1]. Quoiqu'il en soit, les diverses doctrines proposées sur ce point peuvent se ramener à trois que voici :

1° La *doctrine de la volonté*, la *Willenstheorie* des Allemands et particulièrement du jurisconsulte Windscheid. Le droit subjectif est un pouvoir de volonté; il n'est que cela et il est tout cela. On dit qu'une personne est titulaire d'un droit subjectif, quand sa volonté est sur un point déterminé plus forte que celle d'un autre ou de plusieurs autres et s'impose comme telle à celles-ci. Ainsi, dit-on, l'Etat a le droit subjectif de commander, ou souveraineté, parce qu'il peut imposer aux individus l'exécution de ses ordres en tant qu'ils émanent de lui, Etat. De même le propriétaire est titulaire d'un droit subjectif parce que sa volonté s'impose par elle-même à toute autre volonté apportant un trouble à la possession de la chose. Enfin, la créance que vous pouvez avoir est un droit, parce que votre volonté s'impose comme telle à celle de votre débiteur, obligé de s'exécuter.

---

1. Michoud, *La théorie de la personnalité morale*, 1906-07, 1, p.99-105.

Cette doctrine de la volonté a rencontré de nombreuses et graves objections. Si le droit subjectif, a-t-on dit notamment, est essentiellement un pouvoir de volonté, ceux qui n'ont pas de volonté consciente ne peuvent pas être sujets de droits subjectifs. Par exemple les *infantes*, les personnes privées de raison ne peuvent être titulaires de droits subjectifs, et comme la protection sociale d'un intérêt implique, dans cette doctrine, l'existence d'un droit subjectif, les intérêts des personnes dénuées de raison à cause de leur âge ou de leurs infirmités ne se trouvent plus socialement garantis. Il en est de même des intérêts collectifs, à moins que l'on ne prouve que les collectivités ont une volonté consciente distincte des individus qui les composent; or, on le verra plus tard, cette démonstration est absolument impossible.

2° La *doctrine de l'intérêt* a été soutenue particulièrement par Ihering dans son grand ouvrage *L'Esprit du droit romain*. D'après lui le droit subjectif est tout simplement un intérêt protégé par la loi. Ainsi s'explique comment l'*infans*, les personnes privées de raison, peuvent être titulaires de droits subjectifs, comment aussi on peut parler de droits subjectifs appartenant à des collectivités. Il s'agit alors simplement, dans cette doctrine, d'intérêts collectifs légalement protégés[1].

---

1. Ihering, *Esprit de droit romain*, traduction Meulenaere 1877, IV, p. 326.

La doctrine de l'intérêt se heurte à des objections non moins graves que la doctrine de la volonté. D'abord il y a beaucoup de droits qu'il est difficile de ramener à un simple intérêt individuel, par exemple les droits familiaux et les droits politiques, qui se rattachent aussi bien à des intérêts familiaux et sociaux qu'à des intérêts individuels et qui, si la doctrine était vraie, devraient avoir en même temps pour sujets l'individu et la famille, l'individu et la nation.

D'autre part, il y a beaucoup d'intérêts protégés par la loi qui ne sont certainement pas des droits subjectifs. Ainsi, par exemple, Ihering reconnaît lui-même que le négociant, dont les intérêts sont protégés par un tarif douanier, ne trouve pas cependant dans cette protection un droit subjectif. Pour cette situation, et d'autres identiques, il a été obligé d'inventer la théorie obscure et artificielle des *réflexes du droit objectif.*

Enfin on a fait justement observer que l'intérêt protégé n'apparaît comme droit que lorsqu'il lui est porté atteinte et que se manifeste la volonté du sujet à l'effet de repousser cette atteinte et d'obtenir protection. De telle sorte que, même dans la doctrine de Ihering, il y a dans le droit subjectif un élément volonté qu'il est absolument impossible de méconnaître.

3° C'est de cette observation qu'est née la troisième doctrine, celle de *la volonté et de l'intérêt combinés.* Seulement au lieu de les écarter, elle s'est heurtée à toutes les objections réunies que soulèvent les deux autres. Elle ne nous dit pas dans quels cas un intérêt protégé par la loi est un droit subjectif et dans quels cas il ne l'est pas; et elle aussi est obligée de faire appel à la théorie artificielle des *réflexes* du droit objectif. Enfin, puisque cette théorie de la volonté et de l'intérêt combinés enseigne que pour qu'il y ait un droit subjectif il est nécessaire qu'il y ait une volonté, elle est elle aussi impuissante à expliquer comment les collectivités, les personnes privées de raison peuvent être titulaires de droits subjectifs.

VI

De tout cela je conclus qu'il faut rejeter la notion de droit subjectif, notion purement métaphysique, dont on ne peut ni démontrer la réalité, ni déterminer les éléments; notion d'une entité imaginée sous l'empire de ce besoin, que l'on peut qualifier de métaphysique, qui, à une certaine époque, s'est imposé impérieusement à l'esprit humain et qui l'a conduit à expliquer tous les phénomènes du monde social, comme du monde physique, par des forces mystérieuses que ces phénomènes cacheraient.

Il faut aussi rejeter la notion de droit subjectif parce qu'elle aboutit à; créer une hiérarchie des volontés et spécialement à reconnaître à l'Etat un prétendu droit subjectif de puissance souveraine singulièrement dangereux pour la liberté de l'individu; parce que enfin, lorsque la loi impose à certains l'obligation d'accomplir une prestation, il n'en résulte point pour d'autres une supériorité de volonté.

Mais, me direz-vous, si vous niez le droit subjectif, tout s'écroule. Non, tout vit au contraire et s'édifie plus solidement, parce que si la règle de droit est impuissante à créer des droits subjectifs, il en résulte des situations juridiques, objectives ou subjectives, qui sont, elles, socialement protégées. C'est ce que j'essaierai de démontrer dans notre prochain entretien.

12 janvier 1926.

TROISIÈME LEÇON

Les éléments de l'ordonnancement juridique.

Messieurs,

Je suis le premier à reconnaître que ce titre est un peu obscur. Il est donc indispensable d'en déterminer tout de suite le sens et la portée d'une manière aussi précise que possible. D'autre part, croyez bien qu'il y. a un intérêt pratique à faire les distinctions qu'annonce ce titre et qui paraissent au premier abord un peu subtiles.

I

L'ordonnancement juridique? C'est une expression qui n'est pas courante dans la terminologie juridique, du moins en France. Je l'emprunte aux juristes allemands; elle est la traduction littérale de l'expression allemande : *Rechtsordnung*.

Je me sers de ce terme parce qu'il me paraît très propre à désigner ce qu'on a en vue en l'employant.

Il n'est pas possible qu'une société vive si elle n'a pas un droit. Il n'est pas possible qu'une société vive si elle n'a pas un droit objectif, c'est-à-dire un ensemble de règles de conduite qui s'imposent aux membres de la société, et cela sous une sanction collective plus ou moins complètement organisée. Ces règles forment ce qu'on peut appeler la discipline sociale, laquelle maintient agrégés les uns aux autres les divers individus, membres de la même collectivité, comme les cellules d'un même organisme. Elles assurent la structure du corps social, ce que j'appelle son ordonnancement. Si vous préférez dire *structure*, cela m'est indifférent à la condition que l'on comprenne le sens du mot; le terme *ordonnancement* me paraît plus exact.

L'ensemble de ces règles s'imposent aux individus sous une sanction sociale. Mais il n'y a pas seulement cela; il y a encore ceci : de l'existence de ces règles il résulte pour les individus certaines obligations qu'il leur faut remplir. S'ils ne les remplissent pas, ils y sont contraints plus ou moins directement par une force socialement organisée. Ainsi par le fait même qu'il y a un droit objectif, il existe pour certains individus des situations qui impliquent l'obligation sanctionnée d'accomplir certaines prestations. Des règles et d'autre part des situations qui, en application de ces règles, sont faites aux individus, règles socialement sanctionnées, situations socialement protégées, tels sont les éléments constituant ce que j'appelle l'ordonnancement juridique d'une société.

Souvent on distingue les sociétés de droit et celles qui ne le sont pas. Distinction qui n'est pas conforme à la réalité. Il n'y a pas de société qui ne soit une société de droit. Du moment où un groupement social existe comme tel, il y a un droit. Ce droit est plus ou moins développé, il est plus ou moins bien sanctionné; mais il existe par cela même qu'existe la société. Il y a des règles, il y a des situations faites aux individus en application de ces règles, ces situations pouvant être objectives ou subjectives, comme cela va être expliqué plus loin.

Mais, me direz-vous, pourquoi parlez-vous de situations juridiques objectives ou subjectives et ne dites-vous pas tout simplement : il y a des lois qui confèrent des droits aux individus ? J'ai dans la précédente leçon répondu à l'objection. J'ai montré que la conception de droits subjectifs ne pouvait être admise parce qu'elle est d'ordre purement métaphysique et je montrerai, dans la prochaine, qu'elle aboutit pratiquement à de véritables impossibilités. J'ajoute qu'il est logiquement impossible de comprendre comment la règle de droit objectif, qui contient tout simplement un impératif, pourrait conférer à certains individus un pouvoir de volonté, s'imposant aux autres individus. Et cependant, ou le droit subjectif n'est rien, ou il est ce pouvoir de volonté.

II

Je rappelle que dans le stade juridique où nous sommes parvenus on peut dire, à la rigueur, qu'il y a coïncidence approximative entre le droit objectif d'une nation et ses lois positives, et qu'ainsi pour faciliter l'exposition on peut employer l'expression : *la loi*, comme synonyme de *droit objectif*. Les règles de droit existant dans un pays sont un produit social continu et spontané. Elles trouvent leur expression dans les lois écrites ou coutumières. Ces lois écrites ou coutumières sont, comme je l'ai montré dans la précédente réunion, ou *normatives* ou simplement *constructives*, les premières s'imposant à tous les individus, les secondes s'adressant exclusivement aux agents publics, gouvernants, administrateurs, juges.

Je dois signaler en passant une opinion qui mérite la discussion. C'est encore une doctrine allemande[1]. On a enseigné avec beaucoup de force que ce que nous appelons les lois *constructives* sont seules des règles de droit; les autres ne seraient que des règles de morale. Les commandements que contiennent les règles de droit ne s'adressent, dit-on, qu'aux agents de l'Etat. On prend des exemples et on dit : dans la disposition pénale qui notamment décide que tout individu commettant un meurtre sera condamné à mort, il y a deux règles : celle qui défend de tuer, laquelle

---

1. Binder, *Rechtsnorme und Rechtspflicht*, 1911, p. 10 et s.

est uniquement une règle de morale, et celle qui détermine la peine à appliquer, laquelle seule est règle de droit et ne s'adresse qu'aux agents de l'Etat. On peut prendre, dit-on, toutes les règles de droit positif et la même distinction apparaît· Par exemple encore la disposition aux termes de laquelle tout fait quelconque de l'homme qui cause un dommage à autrui oblige celui par la faute duquel il est arrivé à le réparer. Il y aurait là, d'après la doctrine que j'expose, d'abord une règle de morale qui interdit à quiconque de causer un dommage à autrui, en second lieu une règle de droit qui commande aux agents publics de condamner l'auteur du dommage à le réparer.

Cette doctrine est à certains égards séduisante. Je la rejette cependant parce qu'il est aisé de voir qu'elle ne va à rien de moins qu'à dire qu'il n'y a de droit que par l'Etat, puisqu'elle se ramène à ceci que le droit objectif n'est autre chose que l'ensemble des injonctions que l'Etat adresse à ses agents. Or, je l'ai dit, je le répéterai : il faut que le droit lie les particuliers, mais aussi l'Etat, non seulement tel ou tel organe de l'Etat, mais l'Etat lui-même; sinon il n'y a plus de droit public et l'on est conduit à l'arbitraire et à la tyrannie. Les lois normatives s'adressent donc aux particuliers, à l'Etat et à ses agents; seules les lois constructives ne s'adressent qu'aux agents publics.

On a essayé justement d'établir certaines classifications des lois positives tant *normatives* que *constructives* et très souvent on distingue les lois *impératives*, les lois *prohibitives*, les lois *permissives* et les lois *attributives*. Les lois impératives sont naturellement toutes celles qui contiennent des injonctions. Le type par excellence est la loi d'impôt. Les lois prohibitives sont, elles aussi, en réalité des lois impératives; elles contiennent un ordre, l'ordre de ne pas faire certaines choses. Il est évident que toutes les lois pénales ont ce caractère. Les lois permissives seraient celles qui concèdent certaines prérogatives aux particuliers, par exemple les lois sur le régime de la propriété qui permettent au propriétaire d'user, de jouir et de disposer de sa chose en pleine liberté. Enfin les lois attributives seraient celles qui confèrent directement certains droits aux individus, par exemple la loi sur la nationalité, la loi électorale.

Le jurisconsulte allemand Thon a fait très justement observer que cette classification est tout à fait inexacte et ne répond en rien à la réalité[1]. La loi est par définition une règle de conduite et ne peut être que cela. Une règle de conduite ne peut être qu'impérative; elle ne peut accorder une permission; elle ne peut conférer une prérogative. Elle commande ou elle défend; en un mot elle ordonne qu'on fasse ou qu'on ne fasse pas quelque chose. Voilà tout; aussi la loi est toujours et seulement impérative; elle contient toujours

---

1. Thon, *Rechtsnorme und subjektives Recht*, p. 8 et s.

un ordre. Il n'y a de loi que si cette condition est réalisée.

Cependant une observation importante : en disant que la loi contient toujours un ordre, je n'entends pas dire (et cela résulte de toutes les explications précédentes) que ce soit un ordre donné par un supérieur à un inférieur. La notion d'ordre ainsi comprise est irréalisable parce qu'elle implique la supériorité par essence d'une volonté sur une autre, et qu'une volonté humaine ne peut pas être supérieure à une autre volonté humaine puisque toutes les deux ont le même caractère essentiel. Quand je dis que toute loi est impérative, qu'elle contient un ordre, j'entends qu'elle est l'expression d'une règle de droit à laquelle tout le monde doit obéir, parce qu'elle est impliquée par l'existence même de la collectivité, parce que l'homme, s'il ne s'y soumet pas, cesse d'être social et individuel, c'est-à-dire cesse d'être homme.

Qu'on passe en revue les diverses lois qu'on qualifie de permissives ou d'attributives, on verra qu'elles contiennent toutes un impératif négatif ou positif. Les lois sur la propriété par exemple interdisent aux tiers d'empêcher le propriétaire de faire tel ou tel acte sur sa chose, de le troubler dans sa possession. Les lois électorales ordonnent aux fonctionnaires de faire tous les actes de leur compétence pour permettre à l'électeur d'exercer pleinement son droit de vote et interdisent à tous de le troubler dans l'exercice de ce droit.

Si j'ai insisté quelque peu sur ce point c'est pour

montrer à nouveau combien est grande l'erreur de ceux qui enseignent, et cela comme une vérité certaine, que les lois confèrent des droits aux individus; elles ne le peuvent pas, elles leur adressent seulement des injonctions ou des défenses. Cela encore va s'éclairer par l'analyse de ce que nous appelons les situations juridiques.

III

De l'existence de règles impératives il résulte que certains individus sont astreints à accomplir certaines prestations ou à s'abstenir de certains actes. Par là même, il y a certains individus qui se trouvent dans une situation protégée par la contrainte sociale parce qu'elle dérive de la loi; mais ces situations n'impliquent pas l'existence d'un droit subjectif, pouvoir de volonté appartenant à un individu. En effet, la règle légale ne peut donner à un individu un pouvoir de volonté que d'autres n'auraient pas.

Je prends l'exemple de la propriété immobilière. Dans la doctrine courante le propriétaire a un droit subjectif réel (au sens technique du mot) sur son immeuble et il peut l'opposer à qui que ce soit. Il y a, dit-on, une règle de droit qui protège la propriété, et par suite le propriétaire est titulaire d'un droit subjectif.

Je réponds : sans doute il y a une règle de droit qui reconnaît et protège la propriété; mais il n'en résulte pas, il ne peut pas en résulter que tout propriétaire ait un droit subjectif, un pouvoir de volonté qu'il peut imposer aux autres. La situation du propriétaire est socialement protégée; mais vous ne pouvez pas dire, vous ne devez pas dire, que derrière elle il y a un droit subjectif de propriété. Vous ne pouvez pas le dire parce que théoriquement et logiquement vous ne pouvez pas démontrer qu'en interdisant à qui que ce soit de porter atteinte à la situation du propriétaire, la loi confère à celui-ci un pouvoir de volonté d'une nature propre et d'une essence supérieure à celle des autres volontés. Vous ne devez pas le dire, parce que, alors, il vous est impossible absolument d'expliquer ce que l'on est convenu d'appeler la propriété collective et les fondations, c'est-à-dire les cas de plus en plus nombreux où le droit moderne protège les affectations de richesse à une utilité collective, sans qu'il soit possible, malgré tous les efforts qui ont été faits, de trouver un sujet à ce prétendu droit subjectif de propriété.

D'ailleurs, ce que je dis là pénètre de plus en plus dans la pratique; et la jurisprudence française, notamment dans l'affaire célèbre du testament des Goncourt, a été amenée par la force des choses à reconnaître la validité des dispositions affectant une richesse à un but collectif sans qu'il y ait un sujet de droit, au sens ordinaire du mot, pour lui servir de support, en un mot, sans qu'il y ait ni droit de propriété ni propriétaire, mais seulement une situation reconnue et garantie par le droit[1].

Vous voyez que ce n'est pas une question de mots de dire qu'il y a des situations juridiques socialement protégées, mais que derrière elles il n'y a ni droit subjectif, ni sujet de droit qui en serait le titulaire. Vouloir derrière toute situation de droit placer un droit subjectif, c'est procéder à la manière des anciens physiologistes, qui derrière les phénomènes biologiques plaçaient le principe vital, derrière les phénomènes pathologiques la diathèse morbide. Ils se sont débarrassés de ce fatras métaphysique; faisons comme eux. Si vous persistez à placer derrière toutes les situations socialement protégées ce concept métaphysique de droit subjectif vous n'arriverez jamais à comprendre le développement du droit moderne.

IV

Ces situations socialement protégées ou situations juridiques, comment nous apparaissent-elles ? Les unes dérivent directement de la loi. Celle-ci est une disposition générale s'imposant à tous, et permanente, c'est-à-dire persistant après toutes les applications qui en sont faites, jusqu'au moment où elle est modifiée ou abrogée.

---

1. Cour de Paris, 1er mai 1900, Sirey, 1905, II, 78. Rap. Cour de Cassation, 12 mai 1902, Sirey 1905, I, 137 avec les conclusions de M. le Procureur général Baudouin.

Les situations qui naissent de la loi, qui sont une conséquence immédiate de l'application de la loi, sont comme elle et dans la même mesure, générales et permanentes. J'appelle ces situations des situations juridiques objectives, précisément parce qu'elles dérivent directement du droit objectif et qu'elles ont le même caractère de généralité et de permanence.

Je prends pour exemple·la loi électorale. Elle décide que tout Egyptien, ayant l'âge qu'elle fixe et réunissant les conditions qu'elle détermine, est électeur. Par l'application même de cette loi, tout Egyptien arrivant à l'âge légal et réunissant les conditions exigées devient électeur. Tous les agents publics doivent intervenir pour lui permettre d'exercer ses fonctions électorales et il est interdit à quiconque de faire quoi que ce soit de nature à l'en empêcher. Cette situation est aussi générale comme la loi parce qu'elle s'oppose à tous comme la loi s'impose à tous. Cette situation est d'autre part permanente comme la loi; l'électeur ne la perd pas quand il aura une ou plusieurs fois exercé ses prérogatives électorales; il la conservera tant que durera la loi qui l'a créée.

Cette situation, et toutes autres analogues, nous l'appelons situation juridique objective parce que, comme je l'ai dit, elle dérive de la loi et présente les mêmes caractères de généralité et de permanence. Pourquoi, direz-vous, ne pas l'appeler tout simplement situation légale? Je le veux bien. Mais l'expression situation objective est plus exacte.

En effet, je montrerai dans notre prochaine réunion qu'il est des cas où la situation objective, bien que dérivant de la loi, ne naît cependant que sous la condition que certains actes individuels aient été accomplis, actes que pour cette raison nous appelons actes-conditions. Ces situations objectives n'existent pas seulement dans le domaine du droit public, mais également dans celui du droit privé. Par exemple les situations d'enfant légitime, d'enfant naturel, d'homme marié sont autant de situations légales ou objectives. La situation du propriétaire présente aussi les mêmes caractères : elle est générale puisqu'elle s'oppose à tous; elle est permanente puisqu'elle persiste après que le propriétaire a exercé ses diverses prérogatives et tant que le régime de la propriété n'est pas modifié par la loi. Les civilistes l'appellent droit réel, parce que, disent-ils, c'est un droit qui s'exerce directement sur la chose. Je n'ai jamais compris ce que cela voulait dire. Un droit, s'il existe, s'exerce contre une personne pour obtenir une chose ou la conserver, mais ne s'exerce pas sur une chose, puisque, encore une fois, si le droit subjectif existe il n'est et ne peut être qu'un pouvoir de volonté s'imposant à une autre volonté.

V

A côté des situations juridiques objectives, situations générales et permanentes, il y a des situations spéciales et momentanées, des situations qui ne peuvent être opposées qu'à une ou plusieurs personnes individuellement déterminées et qui disparaissent après qu'une certaine prestation a été accomplie. Ce sont ces situations que j'oppose aux situations juridiques objectives et que j'appelle situations juridiques subjectives.

Beaucoup de ces situations juridiques subjectives naissent d'un contrat, soit en droit privé, soit en droit public; mais il faut qu'il y ait un contrat au sens propre du mot, que je préciserai dans notre prochaine réunion. Deux personnes font un contrat à la suite duquel l'une d'elles est devenue débitrice d'une certaine prestation. Il y a là une situation juridique certaine puisque l'exécution de la prestation est garantie par la contrainte sociale. Mais cette situation ne touche que les deux contractants; pour tous les autres elle est comme si elle n'était pas. Elle est donc spéciale, individuelle. D'autre part, lorsque la prestation qu'elle implique aura été exécutée, soit volontairement, soit sous l'action de la contrainte, elle disparaît, les choses sont comme si jamais elle n'avait existé. Elle est donc, par définition même, momentanée, à la différence de la situation objective qui est permanente.

Ces situations juridiques subjectives, on les appelle souvent contractuelles. C'est à tort, parce que, si beaucoup d'entre elles naissent d'un contrat, il en est beaucoup qui naissent d'actes unilatéraux, par exemple d'un quasi-contrat. A ce sujet, Pla-

niol écrit que le législateur a commis une erreur
en disant que les obligations naissent ou de contrats
ou de quasi-contrats. Il en commet une plus grande
en affirmant qu'elles ne peuvent naître que d'un
contrat ou de la loi, parce que ou bien il faut dire
que les obligations ne naissent jamais que de la
loi, ou bien que, dans les conditions déterminées
par elle, elles naissent ou bien d'actes contractuels
ou d'actes unilatéraux. Aussi bien dans le domaine
du droit privé que dans le domaine du droit public
les cas sont nombreux où les situations juridiques
subjectives naissent à la suite d'un acte unilatéral.
En droit privé ce sont tous ceux qu'on a qualifiés,
à tort ou à raison, de quasi-contrats; en droit public
tous ceux où des injonctions adressées à un individu
font naître à sa charge l'obligation d'accomplir
une prestation déterminée. Ce sont là des situations
subjectives qui évidemment ne sont pas contractuelles [1].

Quel est l'intérêt pratique de cette distinction
entre les situations juridiques objectives et les
situations juridiques subjectives ? Il est considérable, et l'on peut dire que la distinction domine
tout le droit public et privé. Je vais indiquer
quelques-unes des applications.

Il n'y a personne qui ne connaisse les interminables controverses qui se sont élevées sur la question de l'autorité de la chose jugée. Beaucoup

---

1. Planiol, *Droit civil*, II, n° 807.

de jurisconsultes, notamment beaucoup de civilistes, déclarent que le principe de l'autorité relative de la chose jugée est intangible, que la chose jugée n'est jamais opposable qu'à ceux qui étaient en cause. Ils veulent appliquer cette règle même aux jugements constatant l'état des personnes et ils arrivent à des conséquences comme celle-ci : un tel ayant été, par un jugement passé en force de chose jugée, reconnu le fils légitime d'une personne déterminée, un tiers, qui n'était pas partie au procès dans lequel est intervenu ce jugement, est recevable à former une action tendant à faire décider que la même personne soit déclarée fils légitime d'une autre que celle dont elle a été d'abord déclarée le fils. Les deux jugements contradictoires peuvent avoir autorité de chose jugée et la même personne peut être ainsi, juridiquement, le fils légitime de deux pères. Beaucoup de civilistes trouvent que c'est logique; je trouve que c'est tout simplement absurde et qu'un principe qui aboutit à des conséquences de cette sorte, ou est faux, ou est mal appliqué.

De tout temps certains auteurs l'ont compris. Mais les solutions qu'ils ont proposées étaient incontestablement mal fondées ou insuffisantes. La clef du problème se trouve dans la distinction des situations juridiques objectives et des situations juridiques subjectives. Oui, les jugements ont une portée purement relative, ne s'appliquent qu'aux parties en cause, quand ils constatent une situation juridique subjective; mais il en est nécessairement différemment lorsqu'ils constatent une situation juridique objective, qui par définition est générale; et la décision doit avoir logiquement la même portée que la situation objective dont elle reconnaît l'existence. Le jugement qui déclare un tel fils légitime de telle personne est opposable à tous, même aux parties qui n'étaient pas en cause, comme l'état de fils légitime qu'il reconnaît.

La distinction des situations juridiques objectives et des situations juridiques subjectives permet aussi de résoudre très simplement et très logiquement la question de la non-rétroactivité des lois sur laquelle se sont élevées aussi d'interminables controverses. Une loi nouvelle s'applique, sans qu'on puisse dire qu'elle ait un effet rétroactif, à toutes les situations légales ou objectives qui existent déjà au moment de sa promulgation. Ces situations sont une création de la loi; leur étendue est déterminée par elle. Elles doivent donc suivre le sort et les transformations de la loi et varier comme elle. Au contraire, une loi nouvelle ne peut toucher à une situation subjective existant antérieurement à sa promulgation. L'étendue de cette situation subjective est déterminée par l'acte individuel à la suite duquel elle est née. Un acte individuel est naturellement régi par la loi en vigueur au moment où il a été fait. La loi nouvelle ne peut donc modifier une situation juridique subjective antérieure, parce qu'elle toucherait alors à un acte individuel qui a été accompli à un moment où elle n'existait pas encore et la loi serait alors vraiment rétroactive, ce qu'elle ne doit pas être.

Je peux prendre comme exemple celui des fonctionnaires égyptiens et celui des fonctionnaires étrangers auxquels le gouvernement égyptien fait appel. Les fonctionnaires, qui, aux termes de l'article 4 de la Constitution, doivent être de nationalité égyptienne, sont dans une situation légale ou objective. Leur statut, leur traitement, leur retraite sont déterminés par la loi et peuvent à chaque instant être modifiés par elle en plus ou en moins. Si une disposition légale modifie le statut, le traitement, la retraite des fonctionnaires, elle s'appliquera, à moins que le législateur ne dise le contraire, à ceux qui sont en fonction au moment de sa promulgation et en cela elle n'aura point d'effet rétroactif. La situation de fonctionnaire est légale ou objective et elle peut être à chaque instant modifiée par la loi sans que celle-ci ait un effet rétroactif. Au contraire, la situation qui est faite aux étrangers par le contrat intervenu entre le gouvernement égyptien et eux est subjective; et si une loi intervenait modifiant la législation antérieure concernant les conditions auxquelles le gouvernement égyptien peut traiter avec les étrangers, cette loi serait sans aucune conséquence en ce qui concerne les contrats antérieurement conclus. Ils ont donné naissance à des situations juridiques subjectives qui ne peuvent en aucun cas être modifiées par une loi nouvelle.

Vous ne trouverez pas une situation de droit à laquelle cette distinction ne s'applique pas, pas une difficulté qu'elle ne permette pas de résoudre facilement.

19 janvier 1926.

L'acte juridique en général, ses éléments.
Les actes juridiques plurilatéraux.

Messieurs,

Dans notre entretien d'aujourd'hui nous allons étudier une matière d'une importance capitale. Il s'agit en effet de l'acte à la suite duquel se produit une modification dans l'ordonnancement juridique précédemment décrit. C'est l'acte qu'on est convenu d'appeler l'*acte juridique* et qui est l'expression par excellence de l'activité humaine dans le monde du droit.

A propos de l'acte juridique il faut répéter encore l'observation déjà faite : il n'y a pas en réalité de différence entre le droit public et le droit privé et ce qui est vrai en droit public l'est aussi en droit privé. Ce n'est donc pas de l'acte juridique en droit public ou en droit privé que je vais parler, mais de l'acte juridique en soi.

I

Pour se former une notion générale et élémentaire de l'acte juridique il faut supposer un moment par l'imagination qu'une société humaine, une nation s'arrête en quelque sorte de vivre, que son ordonnancement juridique se trouve pour ainsi dire cristallisé, que tous les individus qui le composent restent immobiles; puis l'un d'eux manifeste une volonté à l'extérieur. Que va-t-il se passer? Y aura-t-il une modification apportée à l'ordonnancement juridique de la société? S'il y en a une, dans quel cas et sous quelles conditions? On doit répondre : il y aura une modification quand cette manifestation de volonté est un acte juridique. A quelles conditions le sera-t-elle? C'est ce qu'il nous faut déterminer.

Il est incontestable qu'il y a dans la vie des hommes une quantité considérable de manifestations volontaires qui ne sont pas des actes juridiques et qui même, suivant l'expression allemande, sont indifférentes au droit. Je ne sais quel auteur allemand a écrit : « Quand je dis à mon valet de chambre : John, apportez-moi mes bottes, il y a bien un acte, mais pas un acte juridique; il y a un acte qui échappe complètement à la prise du droit, un acte indifférent au droit. »

D'autre part, il y a des actes qui eux sont évidemment contraires au droit, qui n'échappent pas à la prise du droit, mais qui ne sont certainement pas des actes juridiques, le droit inter-

venant pour déterminer et réaliser leur répression.
Ces actes ne sont jamais des actes juridiques.
Un meurtre, un vol, un faux ne sont jamais des
actes juridiques. Il y a bien certains auteurs qui
ont discuté la question de savoir si un individu
commettant un crime avec l'intention de se faire
condamner fait un acte juridique. Mais une question de ce genre rentre dans ce que Ihering appelait : la plaisanterie dans le droit, et il ne vaut
pas la peine de s'y arrêter.

Certains auteurs distinguent les actes juridiques
et les faits juridiques, notamment M. Bonnecase,
savant professeur de Bordeaux, dans un petit
livre que je viens de recevoir et intitulé *Introduction à l'Etude du Droit*. Je n'ai pas le temps
de procéder à l'examen critique de cette distinction. L'expression *fait juridique* est vague et désigne à la fois des faits dans lesquels la volonté
humaine n'est pour rien et des actes volontaires
qui ne sont certainement pas des actes juridiques
comme les délits, parce qu'ils ne sont pas faits
avec l'intention qu'il se produise un effet de droit.

J'arrive donc ainsi à cette définition de l'acte
juridique : c'est toute manifestation de volonté
se produisant avec l'intention qu'à sa suite il y
ait une modification dans l'ordonnancement juridique de la société.

Pour qu'il y ait acte juridique il faut donc trois
conditions : 1° Il faut une manifestation extérieure
de volonté. Si en effet la volonté reste interne,
à l'état de volition suivant l'expression des phi-

losophes, elle n'est pas un acte   social, il ne peut
donc se produire aucune modification dans l'ordonnancement juridique qui est quelque chose
d'éminemment social. 2° Il faut que cette manifestation extérieure de volonté ait lieu avec l'intention
qu'à sa suite il se produise un effet de droit, c'est-
à-dire une modification à l'ordonnancement juridique. Il est évident que cette condition n'existe
pas lorsque le sujet, pour obtenir ce résultat, fait
précisément un acte qu'il sait contraire au droit,
lorsqu'il agit en réalité pour violer le droit et non
pour le réaliser; tel l'individu qui dans l'hypothèse
prévue précédemment commet un crime pour se
faire condamner.

L'ordonnancement juridique étant, comme je
l'ai montré dans la précédente leçon, constitué
par des règles et par des situations objectives
et subjectives, nous aurons trois catégories d'actes
juridiques, des actes juridiques-règles, des actes
juridiques-objectifs ou actes-conditions et des
actes subjectifs, suivant que l'intention du sujet
est qu'il se produise une modification à une règle,
à une situation objective ou à une situation subjective.

II

Examinons chacune de ces catégories d'actes.

L'*acte-règle* est l'acte fait avec l'intention qu'à
sa suite se produise une modification dans les
règles qui sont un des éléments de l'ordonnance-

ment juridique, que l'on veuille qu'une règle nouvelle soit créée, qu'une règle ancienne soit supprimée ou modifiée.

Mais, me direz-vous, les règles juridiques sont des lois, et seul l'Etat, maître de la puissance publique, peut faire des lois. Quelle erreur ! je ne discute pas pour le moment le point de savoir si la volonté des individus, sénateurs et députés qui prétendent exprimer la volonté souveraine, est d'une essence supérieure à celle des volontés individuelles; c'est une question qui viendra plus tard. Mais il n'y a qu'à regarder pour s'apercevoir que toute volonté humaine peut dans certains cas intervenir efficacement avec l'intention qu'il naisse une véritable règle de droit, qui s'imposera à d'autres volontés humaines, et que les tribunaux seront tenus de sanctionner.

En voici quelques exemples. Lorsque la première assemblée d'actionnaires vote les statuts d'une société anonyme, en réalité elle vote une loi. Ces statuts sont des dispositions par voie générale, une règle de droit qui s'applique non seulement aux actionnaires qui les votent, mais à tous les actionnaires futurs, et encore à tous les tiers dans leurs relations avec la société. Il en est de même des statuts qui régissent une association quelconque, association de bienfaisance, association de sports, association syndicale. Voilà bien des actes-règles sans intervention directe de l'Etat. En voici encore un exemple : la convention collective de travail qui intervient entre un groupe

patronal et un groupe ouvrier et qui règle les conditions dans lesquelles devront être conclus à
l'avenir les contrats individuels de travail, dans
la profession intéressée, est un exemple typique
d'acte-règle. Elle contient véritablement une loi
qui s'applique aux ouvriers et patrons d'une même
profession.

Quant aux *actes objectifs conditions*, ils sont
nombreux et dans le droit privé et dans le droit
public. Les lois par le fait seul de leur application
donnent souvent naissance à des situations juridiques objectives. Il en est ainsi notamment de
la loi électorale, des lois sur la nationalité; mais
il arrive non rarement que des lois ne s'appliquent
à certaines personnes et ne font naître une situation juridique objective les concernant que si
un acte de volonté s'est produit avec l'intention
que cette situation prenne naissance. Celle-ci
naît de la loi qui seule détermine son étendue et
ses effets; mais la loi ne s'applique qu'à la condition qu'une certaine manifestation de volonté
se soit produite. Il y a alors ce que j'appelle *acte
objectif condition*. C'est un acte objectif, puisque
à sa suite naît une situation juridique objective.
C'est un acte-condition puisqu'il est la condition
à laquelle est subordonnée l'application de la
loi à une personne déterminée. La situation qui
est faite à cette personne n'est pas déterminée
par l'acte, mais par la loi et seulement par la loi,
dont l'acte forme la condition d'application.

En droit privé, le mariage est un exemple très

net d'acte objectif condition. Il en est de même
de la légitimation ou de la reconnaissance d'un
enfant naturel. La situation de gens mariés, celle
d'enfant légitime ou d'enfant naturel, sont des
situations objectives nées de la loi et dont l'étendue
est déterminée exclusivement par la loi. Le mariage,
la reconnaissance, la légitimation sont des actes
objectifs conditions, parce qu'ils ne créent ni
ne déterminent les situations nées à leur suite,
et qu'ils forment simplement la condition à laquelle
est subordonnée l'application à telle ou telle personne des lois sur le mariage, sur la condition des
enfants légitimes ou naturels.

Ce sont des subtilités pures et inutiles, direz-vous.
Point du tout. C'est une distinction capitale et
son importance pratique est de premier ordre.
Il est facile de le montrer. La situation de gens
mariés étant une situation légale, objective, créée
et déterminée, non par l'acte individuel qui est
le mariage, mais par la loi sur le mariage, elle suit
toutes les modifications de la loi; et si la loi modifie
le statut des gens mariés, si par exemple elle institue le divorce dans un pays qui ne l'admettait
pas, elle s'appliquera non seulement aux gens
qui se marieront après sa promulgation, mais
encore à tous les gens qui étaient mariés au moment
où elle intervient, sans que pour cela elle ait un
effet rétroactif. Il en serait de même de toute loi
modifiant le statut des enfants légitimes ou naturels et qui s'appliquerait à tous, même à ceux
dont la légitimation ou la reconnaissance serait
antérieure à la loi nouvelle.

Dans le droit public les actes objectifs sont très nombreux. Je ne cite comme exemple que la nomination de fonctionnaire. La situation du fonctionnaire est déterminée par la loi; et la nomination est la condition à laquelle est subordonnée l'application à une personne déterminée de la loi réglant la compétence et la situation des fonctionnaires. La conséquence en est que si une loi intervient qui modifie en plus ou en moins cette situation, notamment au point de vue du traitement et de la retraite, elle s'applique à tous les fonctionnaires, même à ceux nommés antérieurement, et, pas plus que précédemment, sans qu'on puisse parler d'effet rétroactif. Il en est bien entendu différemment de l'agent qui n'est pas fonctionnaire et qui est lié à l'Etat par un contrat. Il se trouve alors, en effet, dans une situation juridique subjective que le législateur ne peut pas toucher.

J'arrive ainsi à la troisième catégorie d'actes juridiques, les *actes juridiques subjectifs*. Ce sont les manifestations de volonté intervenant avec l'intention qu'il se forme à leur suite une situation juridique subjective, c'est-à-dire une situation spéciale et momentanée, dont l'étendue et les effets sont déterminés par l'acte lui-même.

Un exemple fréquent d'acte juridique subjectif est, en droit public ou en droit privé, le contrat, dont il va être parlé dans quelques instants; mais ce n'est pas le seul, ni en droit privé ni en droit public. En droit privé, tous les actes que l'on désigne par la dénomination traditionnelle de

quasi-contrats sont des actes subjectifs unilatéraux. Il en est de même en droit public de toutes
les décisions à la suite desquelles apparaît une
situation juridique subjective. Quand un acte
de ce genre est intervenu, la loi ne peut modifier
la situation subjective qui en résulte, puisque
l'étendue de cette situation a été déterminée par
la volonté des parties qui s'est manifestée légalement d'après la loi en vigueur à ce moment.
Si le législateur décidait que la loi nouvelle s'applique aux situations nées d'un acte subjectif,
il violerait un principe supérieur du droit, celui
de la non-rétroactivité.

III

Quel que soit l'acte juridique considéré, acte-
règle, acte objectif condition, acte subjectif, les
éléments qui le constituent sont toujours les mêmes
et il importe de les analyser minutieusement.
Mais, auparavant, je dois faire deux observations
importantes :

1° Les actes juridiques sont tantôt unilatéraux, tantôt plurilatéraux; dans les premiers
apparaît la manifestation d'une seule volonté;
dans les seconds interviennent plusieurs volontés.
Très souvent, quand on procède à l'analyse de
l'acte juridique, on prend pour type le contrat.
On commet une double faute de méthode, parce
que d'une part il faut toujours procéder du simple
au composé et par conséquent analyser d'abord

Duguit   6

l'acte juridique unilatéral, d'autre part parce que le contrat n'est pas le **seul** acte juridique pluri-latéral, qu'il est seulement une catégorie spéciale d'actes plurilatéraux qu'il faut distinguer des autres comme je vais le faire à la fin de cette leçon.

2° Vous avez certainement observé qu'en parlant de l'effet d'un acte juridique j'ai dit le plus souvent : l'effet qui se produit à la suite d'un acte, l'effet consécutif à l'acte ; je n'ai pas dit l'effet créé par l'acte. Voici pourquoi : je n'ai pas voulu résoudre une question qui est cependant fondamentale ; mais je me demande s'il est possible de la résoudre. Il faut néanmoins la poser, et, s'il est possible de la résoudre, la solution permet de comprendre bien des choses, autrement inexplicables. Cette question est celle de savoir si lorsqu'un effet de droit se produit à la suite d'une manifestation individuelle de volonté il a pour cause génératrice cette volonté individuelle ou au contraire le droit objectif et la loi qui l'exprime. Au cas d'acte-règle et d'acte objectif la solution ne paraît pas douteuse : l'effet de droit est alors une création du droit objectif, de la loi. Mais que décider pour les actes juridiques subjectifs et les situations subjectives qui naissent à leur suite ?

Dans la doctrine individualiste qui se résume dans la conception de l'autonomie de la personne humaine on répond : c'est la volonté seule de l'individu qui est en principe créatrice de l'effet de droit. Certains juristes et notamment Planiol ont voulu faire une distinction que voici. La volonté individuelle est créatrice d'effet de droit quand elle est contractuelle : elle ne l'est pas dans les autres cas. La distinction n'est pas soutenable, car si la volonté peut être créatrice dans certains cas, on ne voit pas pourquoi elle ne le serait pas dans certains autres.

Je ne veux pas discuter la question. Je me borne à dire que si l'on peut parler de cause génératrice, il faut admettre que, même dans les actes juridiques subjectifs, c'est le droit objectif et non la volonté des parties qui est la cause génératrice de l'effet juridique.

Ces deux observations générales étant faites, quels sont les éléments de l'acte juridique unilatéral en général ?

Au tome I, chapitre III de mon *Traité de Droit Constitutionnel* (2e éd. 1920) j'ai écrit de longues pages sur ce point. Parmi les nombreuses critiques qui ont été adressées à mes publications, l'une d'elles m'a surpris. C'est celle de M. Gény, le savant professeur de Nancy, l'auteur d'ouvrages justement admirés, qui me reproche d'avoir procédé à une analyse trop subtile, trop approfondie de l'acte juridique. Je prends le reproche pour un éloge et je vais vous faire connaître les résultats auxquels je suis arrivé par cette analyse approfondie.

L'acte juridique est essentiellement un acte de volonté. Il faut donc analyser l'acte de volonté et utiliser les études très pénétrantes faites à ce sujet par les psychologues professionnels et particulièrement par l'un des plus éminents, le célèbre philosophe américain William James.

Dans tout acte de volonté il faut distinguer le processus interne ou *volition* et la manifestation externe ou *action*. Il y a évidemment beaucoup d'actes que nous faisons spontanément, inconsciemment, mais, pour beaucoup d'actes, et par exemple pour des actes aussi importants que les actes juridiques, il y a toujours une période de délibération, de volition qu'il est facile d'apercevoir.

« La volonté, a dit William James, est une activité idéo-motrice », ce qui veut dire que c'est toujours une idée qui fait naître la volonté interne et provoque sa manifestation. Prenons un exemple très simple : J'ai l'idée d'aller visiter le musée égyptien ou le jardin zoologique. Dans mon esprit se produit immédiatement une délibération; une série d'images se succèdent et se présentent à lui, par exemple celle du profit ou du plaisir que j'aurai à visiter l'un ou l'autre de ces établissements. Enfin se produit l'idée dominante, l'idée motrice qui fixe mon choix, l'image déclic, selon l'expression de William James : je décide d'aller au musée. Le processus interne s'achève là.

Le processus externe commence. Il consiste uniquement dans un mouvement corporel du sujet qui est la manifestation extérieure de la volonté interne et qui, dans l'acte juridique, comme on va le voir un peu plus loin, est la déclaration même de la volonté, c'est-à-dire le mouvement corporel, parole prononcée, signe fait, par lequel le sujet fait connaître l'objet de sa volonté interne. Il est évident que seules les manifestations extérieures de la volonté peuvent tomber sous la prise du droit; mais cependant il y a un élément de la volonté interne qui ne peut pas y échapper, on va voir pourquoi.

Dans tout acte de volonté, il y a nécessairement l'objet de cet acte, et le but qui le détermine. L'objet c'est le mouvement corporel qui est voulu et en même temps les conséquences qui vont nécessairement se rattacher à ce mouvement corporel, tous éléments extérieurs. Le mouvement corporel est l'objet immédiat de la volonté; les conséquences qui s'y rattachent sont ce qu'on a appelé l'objet *second* ou l'objet *médiat* de la volonté, ou l'*intention*.

Je reprends l'exemple précédent. Je veux aller visiter le musée : l'objet immédiat c'est le mouvement corporel de me rendre au musée et de regarder les objets exposés. L'objet médiat ou second c'est l'impression artistique ou anti-artistique que la vue de ces objets produit sur mon esprit. Autre exemple : je veux assassiner une personne. Pour cela je lui donne un coup de poignard. L'objet immédiat, c'est l'acte corporel de lever le bras et d'enfoncer le poignard. L'objet médiat ou second, conséquence nécessaire, c'est la mort qui résulte du coup donné.

IV

Mais il y a un autre élément qui joue un rôle essentiel et sur lequel je dois insister. C'est le but déterminant. Il est un élément du processus interne, mais qui, comme je l'indiquais tout à l'heure, tombe nécessairement sous la prise du droit, parce qu'il a pour conséquence de contribuer à déterminer la valeur sociale de l'acte. Je m'explique.

Dans la délibération interne qui précède l'acte de volition et la manifestation de volonté, l'esprit du sujet compare ce qui pourra se produire, s'il fait ou ne fait pas telle chose, c'est-à-dire les vouloirs qui pourront ou non se réaliser s'il fait ou s'il ne fait pas telle chose, vouloirs chez lui, ou vouloirs chez autrui. L'image qu'on appelle l'image-déclic, qui détermine le choix, est la représentation dans l'esprit du sujet que, s'il fait une certaine chose, pourra se réaliser alors un certain vouloir externe chez lui ou chez autrui. C'est cette image, cette représentation, cette idée qui constitue le but déterminant et qui naturellement influe directement sur la valeur sociale de l'acte voulu, puisqu'il assurera la réalisation d'un vouloir externe. C'est pourquoi le but déterminant tombe sous la prise du droit et que pour apprécier la valeur sociale d'un acte il faut faire intervenir les trois éléments : l'objet immédiat, l'objet second ou médiat ou intention, et enfin le but déterminant.

Reprenons les deux exemples précédents. Je veux aller au musée et le visiter. Aller au musée, objet immédiat; impression artistique, objet médiat ou second. Pourquoi veux-je y aller? Pour m'instruire : but déterminant. Et cet acte

d'aller au musée aura une valeur différente s'il
a un autre but que s'instruire, par exemple voler
un objet du musée; dans le premier cas il est tout
ce qu'il y a de plus légitime; il est évident que
dans le second il en est différemment. Je veux tuer.
Donner le coup, objet immédiat; mort de la victime, objet second ou médiat. Pourquoi ai-je voulu
tuer? Pour me défendre, pour voler, encore but
déterminant. Evidemment l'acte est tout différent
dans le premier et dans le second cas. Le but a
ainsi une influence directe sur la valeur sociale
de l'acte, on ne saurait trop le dire.

Il importe cependant de ne pas oublier que
l'objet est aussi un des éléments essentiels de
l'acte humain; que sa valeur sociale en dépend
et que déterminer la valeur d'un acte uniquement
par son but, c'est arriver nécessairement à la
maxime immorale et anti-sociale : la fin justifie
les moyens.

V

Cette analyse de l'acte de volonté est toujours
vraie. Elle est vraie pour l'acte juridique, c'est-
à-dire pour l'acte de volonté fait avec l'intention
qu'il se produise un effet de droit, comme pour
tous les actes de volonté. Dans l'acte juridique
nous retrouvons le processus interne et le processus
externe de la volonté, la délibération conduisant
à la décision et l'action. Nous retrouvons l'objet
immédiat, l'objet *second* ou *médiat* qui est l'*inten-*

tion, et le but déterminant qui est toujours l'image qui s'est présentée à l'esprit du sujet que s'il fait une certaine chose il assurera la réalisation d'un autre vouloir chez lui ou chez autrui. L'objet immédiat et l'objet médiat, le but déterminant sont les deux éléments qui doivent nécessairement intervenir pour apprécier la valeur juridique de l'acte.

Il suffit pour comprendre cela de prendre un acte juridique quelconque. Je veux emprunter et j'emprunte en effet. Avant de le faire, je réfléchis, je me représente les vouloirs réalisables si j'emprunte, et l'un d'eux m'apparaissant déterminant, j'emprunte. La déclaration que je fais, en présence du prêteur, de ma volonté d'emprunter est l'objet immédiat; la naissance de mon obligation de restituer, l'objet second ou médiat. Pourquoi ai-je emprunté? La réponse à la question nous fera connaître le but déterminant. J'ai emprunté parce que je voulais payer mes dettes; j'ai emprunté pour une entreprise, buts parfaitement licites; l'acte d'emprunt est un acte juridique régulier. J'ai emprunté pour jouer : but illicite d'après beaucoup de législations, notamment d'après le code civil français; l'acte d'emprunt est lui-même illicite et frappé de nullité.

L'acte juridique contraire au droit est frappé de nullité, non seulement lorsqu'il a un objet illégal, mais encore lorsqu'il est déterminé par un but illicite et cela est la conséquence logiquement, psychologiquement, socialement nécessaire du rôle que le but joue dans la détermination volontaire. L'expression *but* doit remplacer l'expression *cause*, qui se trouve encore dans certains codes et dont les civilistes français persistent à se servir, ce qui entraîne des confusions sans nombre. Cette théorie du but est la clef de toute la jurisprudence moderne relative aux contrats immoraux et à ce que nous appelons en France le détournement de pouvoir. Elle est aussi au fond de la théorie civiliste connue sous le nom peut-être inexact d'abus de droit. Le temps ne me permet pas d'exposer ces diverses théories.

VI

Jusqu'à présent j'ai procédé à l'analyse de l'acte juridique en général, acte simple ou unilatéral. Cette analyse subsiste telle quelle si on l'applique aux actes auxquels concourent plusieurs volontés ou actes plurilatéraux; mais naturellement il faut distinguer alors autant d'actes qu'il y a de volontés concourantes. Je veux seulement ici vous mettre en garde contre une doctrine très généralement répandue, mais tout à fait fausse, et montrer qu'il y a des catégories très différentes d'actes plurilatéraux.

Cette doctrine donne comme incontestables les trois propositions suivantes : 1º En droit public les actes juridiques sont en principe des actes unilatéraux ; 2º En droit privé les actes juridiques sont en principe des actes plurilatéraux ; 3º Tout acte plurilatéral est un acte contractuel.

On dit qu'en droit public les actes juridiques sont en principe des actes unilatéraux parce que les agents publics, agissant au nom de la puissance souveraine de l'Etat, peuvent par leur seule volonté donner naissance à un effet de droit. Je réponds que cette prétendue puissance souveraine n'existe pas, comme je le montrerai dans les leçons suivantes, que la volonté des agents publics est une volonté humaine comme toutes les autres et qu'il n'y a pas de raison pour que la volonté unilatérale puisse créer un effet de droit dans le domaine du droit public et ne le puisse pas dans celui du droit privé.

D'autre part, on ne voit pas pourquoi, si dans le domaine du droit privé la volonté unilatérale ne peut créer un effet de droit, la volonté contractuelle le pourrait. Si l'on ne peut démontrer que la volonté unilatérale crée une situation juridique, on ne peut pas démontrer davantage que la volonté contractuelle crée cette situation.

Ce qu'il y a de vrai c'est ceci : que la volonté qui se manifeste soit unilatérale ou plurilatérale, c'est toujours le droit objectif qui est la cause génératrice de l'effet de droit, aussi bien en droit public qu'en droit privé. Seulement, à l'époque moderne, une évolution générale semble se produire en un double sens. Dans le domaine du droit privé, le nombre des cas où un effet de droit se produit à la suite d'un acte unilatéral s'accroît certainement, et cela est une conséquence de ce que l'on a justement appelé la socialisation du droit privé. Au contraire dans le domaine du droit public, le nombre des cas où l'effet n'apparaît qu'après un acte de volonté plurilatéral augmente chaque jour, et cela se rattache assurément à l'amoindrissement du concept de souveraineté.

La proposition d'après laquelle tout acte plurilatéral est un contrat est tout à fait erronée. Par le mot contrat on désigne alors en effet des choses tout à fait différentes. Si l'on procède à l'analyse exacte des divers actes plurilatéraux intervenant dans la pratique on en trouve trois catégories qui sont : le *contrat*, l'*union*, ce que les Allemands appellent la *Vereinbarung* et l'*acte collectif*, le *Gesammt-akt* des Allemands.

Le contrat est quelque chose à la fois de très compliqué et de très précis, que les Romains avaient très nettement déterminé et qui a été précisé au code Napoléon à l'article 101. Pour qu'il y ait contrat il faut un accord entre deux personnes ou deux groupes de personnes. Il y a toujours deux parties et uniquement deux parties dont l'une devient créancière et dont l'autre devient débitrice. La volonté de l'une est déterminée par la volonté de l'autre, et de cette détermination réciproque naît entre elles deux un rapport de créancier à débiteur, c'est-à-dire, une relation juridique subjective. Si l'un de ces éléments manque, vous pouvez avoir un acte plurilatéral, quand plusieurs volontés interviennent, mais vous n'avez pas un contrat, et vouloir alors appliquer les règles du contrat, c'est arriver à des solutions inadmissibles.

Dans l'acte plurilatéral appelé *union* ou *Verein-barung*, il y a, comme dans le contrat, un accord de volontés, une convention, mais les parties ne jouent pas un rôle opposé; elles poursuivent un même but; et elles n'ont pas l'intention qu'il naisse entre elles un rapport de créancier à débiteur, une relation juridique subjective. Elles ont l'intention qu'il naisse une situation juridique objective ou une règle générale et permanente; et ainsi l'union se distingue bien nettement du contrat. Vouloir lui appliquer les règles générales du contrat, c'est aboutir à des erreurs, même à des impossibilités.

On l'a bien vu en France, quand on a préparé et voté la loi de 1917 sur les conventions collectives de travail, qui est tout simplement inapplicable. Comme je l'ai dit déjà, la convention collective de travail n'est pas un contrat, acte subjectif, mais un acte plurilatéral règle. C'est l'acte par lequel un groupe patronal et un groupe ouvrier déterminent d'un commun accord la règle, la loi suivant laquelle seront faits à l'avenir les contrats individuels de travail dans la profession représentée. C'est, je pourrais dire, tout le contraire d'un contrat, puisque c'est précisément la règle suivant laquelle devra être fait le contrat.

Nous trouvons un autre exemple très net de *Vereinbarung* ou union dans les clauses réglementaires des actes contenant des concessions de service public, par exemple, les clauses relatives aux conditions de l'exploitation du service, et, s'il s'agit de concession de chemin de fer ou de tramway, les clauses relatives au nombre et à la vitesse des convois, à la sécurité des voyageurs et des employés et autres clauses semblables. Elles forment la loi du service; elles dérivent, non pas d'un contrat faisant naître une situation de créancier et de débiteur, mais d'une convention que l'on peut appeler vraiment une convention-loi.

Enfin une troisième catégorie d'actes plurilatéraux comprend ceux que l'on appelle les *actes collectifs*. Ici il y a un concours de volontés; mais il n'y a pas accord de volontés, il n'y a pas de convention, et par suite ces actes n'ont à aucun point de vue rien de contractuel.

L'exemple typique d'un acte plurilatéral de ce genre est la constitution d'une société anonyme ou d'une association. La première assemblée des associés ou des sociétaires vote les statuts. Il naît ainsi de ce concours de volontés une loi. Cette loi sera acceptée par les souscripteurs et les adhérents qui ne se connaissent pas, qui ne connaissent pas davantage ceux qui ont voté les statuts, souscripteurs et adhérents qui peuvent venir de tous les points du monde. Parler alors de contrat, c'est aller contre l'évidence des choses. Il y a des volontés qui poursuivent le même but, veulent le même objet, mais ne se sont point accordées entre elles, puisque le plus souvent elles ne se connaissent point. D'autre part, de rapports entre créancier et débiteur on n'en voit point, mais seulement une règle, une loi qui s'applique à tous les associés et aux tiers entrant en relation avec la société.

Le grand jurisconsulte allemand Gierke a démontré d'une manière définitive qu'en pareil cas il n'y a point contrat, et aujourd'hui il n'est plus permis de dire que la société anonyme et l'association sont des contrats[1].

21 janvier 1926.

---

1. « L'acte d'établissement (d'une association ou d'une société par actions) n'est point un contrat mais un acte collectif unilatéral. La notion de contrat de société... ne peut pas plus servir de fondement aux corporations de droit privé qu'aux corporations de droit public ». (Gierke, *Die Genossenschaftstheorie*, 1887, p. 133).

Le sujet de droit.
La question de la personnalité collective.

Messieurs,

Pour en finir avec ces études de théories générales qui dominent tout le droit et qui sont indispensables pour le comprendre, il nous reste à déterminer ce qu'est le *sujet de droit*. Question difficile sans doute, mais qui a été inutilement compliquée par la mauvaise méthode que suivent beaucoup de juristes.

Cette expression *sujet de droit* est aujourd'hui passée définitivement dans la terminologie juridique. C'est une expression française, mais qui a été vulgarisée par la science juridique allemande. On disait en France : le titulaire du droit. On dit aujourd'hui généralement *le sujet du droit*. Le terme *sujet* est à la fois plus général et plus précis. Notez en outre que l'expression ne doit éveiller aucune idée de sujétion, qu'elle désigne seulement l'être auquel s'applique le droit objectif et qui peut être titulaire d'un droit subjectif, si du moins il y a des droits subjectifs.

I

Quel est l'être qui peut être soumis au droit objectif, à la règle de droit ? En réalité la question est simple ; mais elle a été obscurcie comme à plaisir.

Je rappelle que toutes les règles de droit, dont l'ensemble forme le droit objectif, sont des dispositions impératives, soit qu'elles commandent de faire quelque chose, soit qu'elles édictent une prohibition. Il est d'évidence qu'une disposition impérative ne peut s'adresser et s'imposer qu'à des volontés conscientes d'elles-mêmes. Or les seuls êtres dans le monde, desquels on puisse affirmer qu'ils ont une volonté consciente d'elle-même, ce sont les êtres humains, parvenus à l'âge de raison et dont l'état mental est sain. Il est possible que les animaux aient une conscience ; il est possible que nous soyons entourés d'une infinité d'êtres conscients que nous ne voyons pas, mais nous n'en savons rien. Par conséquent nous devons dire que seuls peuvent être sujets du droit objectif les individus humains ayant une volonté consciente et raisonnable. Il ne peut pas y en avoir d'autres ; et les individus humains qui pour une raison quelconque n'ont pas une volonté consciente ne sont pas sujets du droit objectif et ne peuvent pas l'être.

Ne peuvent pas non plus être sujets du droit objectif les collectivités, quelque forme qu'elles revêtent. Les associations, les corporations, les fondations, ne peuvent pas comme telles être sujets du droit objectif, parce qu'elles n'ont pas, parce que nous ne pouvons pas démontrer qu'elles aient une volonté consciente distincte de celle des individus qui les composent. La grande corporation qu'est l'Etat n'est pas et ne peut pas être sujet du droit objectif. Pas plus pour elle que pour les autres corporations, on ne peut démontrer qu'elles possèdent une personnalité consciente distincte des personnes individuelles qui les composent. Ce n'est pas à dire que l'Etat ne soit pas soumis au droit. Bien au contraire, toutes ces leçons tendent à démontrer que le droit est supérieur à l'Etat et s'impose à lui et en même temps qu'il s'adresse, non pas à la prétendue personne Etat, mais aux gouvernants qui détiennent en fait la puissance, que c'est la condition nécessaire pour que la subordination de l'Etat au droit ne soit pas un vain mot.

Je ne dois pas vous laisser ignorer que certains juristes, notamment M. Mestre dans sa belle thèse sur le *Droit pénal des personnes morales*, enseignent que les règles du droit objectif, particulièrement celles du droit pénal, s'imposent aux collectivités comme aux individus. Pour qu'il en fût ainsi, il faudrait démontrer que les collectivités sont des personnes, qu'elles ont une volonté consciente distincte des volontés individuelles; or cette démonstration on ne l'a jamais faite et on ne la fera jamais.

Duguit

7

II.

Quel est l'être qui peut être sujet d'un droit subjectif ?

Pour qu'il y ait lieu de répondre à cette question il faut évidemment supposer un instant qu'il puisse y avoir des droits subjectifs, contrairement à ce que nous avons affirmé précédemment. Mais, nous allons montrer que dans de nombreux cas il est impossible de trouver un sujet à un droit subjectif, dont on affirme cependant l'existence. Et cela sera une nouvelle preuve irréfutable qu'il n'y a pas de droits subjectifs.

Si nous supposons un moment que le droit subjectif existe, trois points ont été précédemment établis : 1º Le droit subjectif, s'il existe, est un pouvoir de volonté et ne peut être qu'un pouvoir de volonté: 2º Toutes les fois que l'on se trouve en présence d'une situation protégée juridiquement, il doit y avoir derrière elle un droit subjectif; 3º Il ne peut y avoir de droit subjectif que s'il y a un être qui puisse en être le sujet.

Cela compris, comment nous apparaît l'être pouvant être titulaire d'un droit subjectif ? La réponse est évidente. Le droit subjectif s'il existe, ne pouvant être qu'un pouvoir de volonté, peuvent seuls être titulaires d'un droit subjectif, les êtres ayant une volonté consciente d'elle-même. Seuls les individus humains possèdent une telle volonté. Seuls peuvent donc être titulaires d'un droit subjectif les individus humains, et encore uniquement ceux d'entre eux qui ont une volonté consciente. Ne le peuvent pas par conséquent ceux qui n'ont pas encore l'âge de raison ou ceux qui par suite de la vieillesse ou des infirmités ont perdu la notion des choses.

Bien souvent la situation juridique socialement protégée intéresse un individu humain conscient de ses actes et de sa volonté. Alors, pas de difficulté. On peut parler de droit de propriété, de droit de créance, et l'être humain qui en bénéficie peut être appelé sujet de ces droits. Mais la difficulté apparaît, et elle est insurmontable, lorsque le propriétaire, le créancier, est un *infans*, un fou furieux, un vieillard ayant perdu les sens. Cet enfant, ce vieillard, ce fou furieux peuvent-ils être sujets d'un droit subjectif ? Rationnellement non, puisqu'ils n'ont pas de volonté consciente. Cependant on peut dire à l'extrême rigueur que ces individus ont une volonté très affaiblie sans doute, une volonté à l'état potentiel, mais encore une volonté, laquelle peut être support d'un droit subjectif. En réalité, c'est là une fiction ; à la rigueur on peut l'admettre, et je n'insiste pas davantage sur ce point.

Mais là où la notion de droit subjectif et de sujet de ce droit se heurte à des impossibilités pratiques irréductibles, c'est lorsqu'il s'agit de situations intéressant des collectivités ; situations que j'appellerai d'un mot, pour faciliter l'exposé, des situations collectives, — situations qui doivent être juridiquement protégées, qui le sont en effet et dont la protection est inexplicable si l'on maintient la notion de droit subjectif et de sujet de droit. Ces situations collectives nous apparaissent sous deux formes : l'association au sens général du mot, dans laquelle je fais rentrer la corporation, quoiqu'elle ait à certains égards des caractères spéciaux, et la fondation.

L'association ou corporation est la réunion d'un certain nombre d'invidus qui veulent poursuivre en commun un but déterminé qui leur est commun, un but qui d'autre part est interne à l'association, c'est-à-dire qui touche directement] les membres de l'association, par exemple des associations de secours mutuels, des associations artistiques, des associations commerciales, des associations professionnelles, c'est-à-dire ayant pour but la défense d'une profession déterminée et qui présentent particulièrement le caractère corporatif.

La fondation est une situation collective qui apparaît toutes les fois qu'une volonté quelconque affecte à une but étranger à elle-même une certaine quantité de richesses. Par exemple on affecte une somme déterminée à la création et au fonctionnement d'un hôpital, d'une institution charitable quelconque, d'une institution artistique comme un musée. Ce sont là autant d'exemples de fondations. Celles-ci peuvent émaner d'une volonté individuelle ou de plusieurs volontés associées, ou d'une volonté publique comme l'Etat ou toutes autres personnes administratives. Si par hypothèse l'objet et le but de la fondation sont licites, la situation collective qui en **résulte** doit être protégée.

Si ces diverses situations sont protégées et si l'on admet la théorie du droit subjectif il faut nécessairement que derrière chacune d'elles il y ait un droit subjectif. S'il y a un droit subjectif, il faut qu'il y ait un être doué de volonté consciente. Or ni l'association ni la fondation ne sont des êtres doués d'une volonté consciente. Par conséquent, avec la notion de droit subjectif et de sujet de droit, on est dans l'impossibilité absolue d'expliquer et de justifier la protection juridique des situations collectives se rattachant à une association ou à une fondation.

III

Voilà le problème. Il se pose d'une manière particulièrement pressante à l'heure actuelle, et dans le domaine du droit public et dans celui du droit privé, en raison du grand mouvement associationniste ou syndicaliste, dans toutes les nations occidentales. Chaque jour se forment des situations collectives nouvelles qui doivent être protégées; et tous ceux qui enseignent la théorie traditionnelle du droit subjectif et du sujet de droit devaient, coûte que coûte, expliquer, dans le cadre de cette théorie, la protection juridique des situations collectives. C'est pourquoi on a amoncelé sur la question les doctrines les plus diverses. Malgré cela, malgré les prodiges de subtilité on n'est arrivé à rien. On voulait, en effet, faire rentrer coûte que coûte les faits dans une certaine théorie *a priori*. Les faits ont été plus forts que les théories et celles-ci sont restées impuissantes. Je n'ai point l'intention de donner un exposé critique de ces diverses doctrines. Je veux seulement montrer les idées générales dont elles s'inspirent. A ce point de vue, je crois qu'on peut les diviser en deux groupes.

A) Dans un premier groupe je place toutes les doctrines qui enseignent que dans la réalité les collectivités ne sont pas des sujets de droit, et qu'elles n'ont ce caractère qu'en vertu d'une décision toute puissante de l'Etat. Toutes ces doctrines sont inadmissibles pour une raison théorique et pour une raison pratique.

Théoriquement on doit les rejeter parceque, quelque puissant que soit le législateur positif, il ne peut créer une volonté là où il n'y en a pas. Vous me direz que cette personnalité légale est une fiction comme il y en a beaucoup dans le droit. Non. Les fictions ont été à une certaine époque un moyen d'échapper à la rigidité d'un droit formaliste. Le droit moderne n'a rien de formaliste et il faut le débarrasser de toutes les choses imaginaires dont on persiste encore à l'encombrer.

Le défaut pratique de ces doctrines est plus grave encore que son vice théorique. Il consiste en l'obstacle qu'elles mettent à la reconnaissance de la liberté d'association. Pourquoi sommes-nous restés en France jusqu'en 1901 sans avoir la liberté d'association et pourquoi cette loi de 1901 ne nous a - t - elle donné qu'une liberté d'association incomplète ? Parce que depuis les Romains on enseignait comme un dogme incontestable qu'il ne peut y avoir de situation collective juridiquement protégée que lorsque l'Etat, dans sa toute puissance, a créé derrière elle une personnalité légale, ou, comme l'on disait, une personnalité morale. La doctrine que je repousse aboutit donc à l'arbitraire et à nier la liberté d'association et de fondation.

Cette doctrine générale comprend un grand nombre de doctrines secondaires, qui toutes se rattachent à la même idée :

1° La doctrine traditionnelle de Savigny dite de la personnalité morale fictive. Elle enseigne purement et simplement que la personnalité juridique collective est une création de l'Etat et qu'elle n'existe que lorsque l'Etat l'a décidé expressément. Je fais observer en passant qu'outre les défauts précédemment indiqués, cette doctrine est dans l'impossibilité d'expliquer la personnalité collective de l'Etat, puisque l'Etat n'a pas pu se donner cette personnalité avant d'exister et qu'il n'existe que lorsqu'il a la personnalité.

2° La doctrine du jurisconsulte allemand Bekker, francisée par le professeur français Michoud, dans son beau livre *La théorie de la personnalité morale*. En voici l'essentiel :

Pour déterminer ce qu'est un sujet de droit subjectif, il faut déterminer d'abord ce qu'est le droit subjectif. Or, dit Bekker, tout droit subjectif comprend deux éléments, l'élément pouvoir ou le droit de disposer, et l'élément profit ou le droit d'user, de jouir d'une chose. Il peut arriver, et il arrive souvent que ces deux éléments sont réunis dans le même sujet. Il en est ainsi lorsque l'être, titulaire de l'élément profit, est un individu humain ayant une volonté consciente. Mais il peut arriver que l'élément pouvoir et l'élément profit soient séparés et reposent sur deux êtres différents. Il en est ainsi lorsque l'élément profit appartient à un être dépourvu de volonté consciente. Mais, en réalité, en pareil cas il n'y a qu'un seul sujet de droit, parce que l'être titulaire de l'élément pouvoir représente l'être titulaire de l'élément profit.

Par exemple, un *infans* a des droits : il est l'être titulaire de l'élément profit; l'être titulaire de l'élément pouvoir est le tuteur. Il n'y a qu'un seul sujet de droit, l'*infans* représenté par son tuteur. Il en est de même au cas de situation collective se rattachant à une association ou à une fondation. L'élément profit a pour support les membres de l'association ou les bénéficiaires de la fondation. L'élément pouvoir appartient aux administrateurs de l'association ou de la fondation. Il n'y a cependant qu'un seul et unique sujet de droit : l'association ou la fondation représentée par ses administrateurs.

Cette doctrine est assurément très ingénieuse. Elle réduit au minimum l'intervention de l'Etat. Si j'étais obligé d'adopter l'une de ces diverses

théories, c'est certainement à elle que je me ral-
lierais. Mais elle a le tort, elle aussi, de faire intervenir l'Etat. Effectivement, pour qu'il y ait sujet
de droit il faut qu'un rapport de représentation
existe entre le titulaire de l'élément pouvoir et
le titulaire de l'élément profit et seul l'Etat peut
créer ce rapport de représentation. Cette doctrine
se heurte donc elle aussi aux objections théoriques
et pratiques d'ordre général précédemment indiquées.

3° Théorie de la pluralité traitée comme unité.
Elle est défendue en Allemagne par Meurer, en
France par Planiol et par Berthélemy. Ils enseignent que la collectivité ne constitue point une
personne juridique distincte des individus qui
la composent, que lorsqu'on parle de personne
collective, on veut simplement dire que, sous
certains rapports et en ce qui concerne les intérêts
collectifs, la pluralité des personnes composant
la collectivité est juridiquement traitée comme si
elle était une unité.

Cette doctrine joue sur les mots. Elle se ramène
purement et simplement à la théorie traditionnelle de Savigny. Comme elle, elle dit que la personnalité collective est une pure création de la
loi positive. D'autre part elle aboutit à des véritables puérilités lorsqu'on veut l'appliquer aux
fondations. En ce cas où sont les individus qui
vont être traités comme s'il n'y avait qu'une
seule personne? Pour un hôpital on a dit que ce
seraient tous les malades qui s'y succéderaient.

Pour un musée, on a prétendu que ce seraient tous les visiteurs. Evidemment ce n'est pas sérieux et la théorie ne tient pas debout.

B) Dans le 2ᵉ groupe je place toutes les doctrines qui enseignent que les collectivités, soit associations, soit fondations, ont naturellement et par cela seul qu'elles existent une conscience et une volonté et par conséquent une personnalité réelle. Elles procèdent toutes de la doctrine allemande du grand jurisconsulte Gierke et sont représentées aujourd'hui en France surtout par Hauriou et Mestre.

Pour les associations et les corporations on raisonne ainsi : lorsque plusieurs personnes se rapprochent pour poursuivre un but commun, il se forme automatiquement, soit immédiatement, soit sous l'action du temps une conscience, une volonté commune distincte des consciences et des volontés individuelles, ce que J.-J. Rousseau appelait le *moi commun*. Cette volonté par la force des choses s'extériorise: certains individus membres de la collectivité en deviennent les organes et ainsi naît, sans l'intervention de l'Etat, la personnalité collective douée de conscience et de volonté, agissant par ses organes et sujet de droit, comme une personne individuelle agissant elle aussi par ses organes.

Cette doctrine est assurément très séduisante, surtout quand elle est exposée avec la vigueur de Gierke, avec l'habileté d'Hauriou. Mais il est facile de voir qu'elle repose tout simplement sur une affirmation d'ordre métaphysique absolument indémontrée et indémontrable. De ce qu'un certain nombre d'hommes veulent la même chose et chargent certains autres de réaliser leur vouloir commun, on ne peut conclure qu'il se forme une conscience et une volonté commune qui ait une réalité distincte des consciences et des volontés individuelles. Il y a là un pur concept métaphysique qui ne peut être accepté en science positive.

Il faut ajouter que la doctrine de la personnalité collective réelle est dans l'impossibilité totale d'expliquer la personnalité des fondations. Malgré des prodiges de subtilité, Gierke et Zitelmann y ont complètement échoué. Ils en arrivent à dire que le sujet juridique de la fondation est la volonté du fondateur qui se survit à elle-même. Or, ou le fondateur est une collectivité qui n'avait pas de volonté; ou c'est un individu dont la volonté disparaît avec lui, et c'est une puérilité de dire qu'elle lui survit.

IV

Après cet exposé, que conclure et quelle attitude prendre ? Deux seules sont possibles : 1° L'attitude pragmatiste de Saleilles, 2° l'attitude positiviste qui est la mienne.

Dans son beau livre sur la question de la *Personnalité collective*, Saleilles, après avoir longuement analysé et discuté les diverses doctrines que je viens d'indiquer, conclut qu'aucune d'elles n'est défendable, qu'il importe peu d'accepter l'une ou l'autre, qu'il faut cependant maintenir énergiquement le concept de personnalité collective parce que seul il permet de donner une garantie juridique et une protection efficace aux intérêts collectifs. Ce n'est d'ailleurs là qu'une application de l'idée directrice qui inspire toute l'œuvre de Saleilles et aussi celle de Gény, toutes imprégnées de pragmatisme.

Dans les conférences que j'ai faites il y a deux ans à Madrid, j'ai répondu : si l'on reconnaît que le concept de personnalité juridique est indémontré et indémontrable, qu'il ne répond à aucune réalité directement perçue, pourquoi le maintenir ? Il n'est aucunement nécessaire pour fonder et expliquer la protection juridique des situations collectives. Il suffit pour cela d'appliquer une règle de droit objectif qu'imposent à la fois la notion de solidarité sociale et le sentiment de justice, règle qui peut se formuler ainsi : toutes les fois qu'on se trouve en présence d'une situation quelle qu'elle soit, par exemple d'une affectation de richesse à un certain but, quand l'objet et le but de cette situation, de cette affectation sont licites, elles doivent être et elles sont, dans les sociétés modernes, socialement protégées. Débarrassons-nous une fois pour toutes du fatras métaphysique. A cette condition seule, la science du droit fera des progrès; sinon elle piétinera sur place.

Après cette introduction générale nous arrivons au grand problème de l'Etat. Nous le poserons dans notre prochaine réunion.

2 février 1926.

Le problème de l'État.
La solution métaphysique et le concept de souveraineté.

Messieurs,

Le cours que j'ai l'honneur de faire devant vous a pour titre : *cours de droit public général*. Nous nous sommes demandés ce qu'est le droit public et nous avons répondu que c'est le droit de l'Etat. Nous devons déterminer ce qu'est le droit de l'Etat. Nous avons essayé de dire ce qu'est le droit, quels sont ses éléments, ses manifestations et comment il règle les diverses formes de l'activité humaine. Il nous reste à rechercher ce qu'est l'Etat.

I

La question paraît bien simple et il semble que tout le monde peut y répondre aisément. Cependant, depuis longtemps on a écrit bien des livres sur cette question et, au risque de paraître présomptueux, je dirai que beaucoup de ce qui a été écrit a contribué à obscurcir le problème plutôt qu'à l'éclairer; cela parce qu'on a suivi, en général, une mauvaise méthode, parce que, au lieu de regarder directement les choses, de constater comment elles se passent, et de déterminer par la méthode d'observation positive et réaliste ce qu'est l'Etat, on a imaginé l'existence d'une entité métaphysique que l'on a placée derrière les manifestations politiques. On en est arrivé à ce point qu'aujourd'hui le travail du juriste doit consister avant tout à éliminer tous ces concepts métaphysiques et à rechercher, par la méthode d'observation directe, ce que, en fait, est l'Etat.

Regardons autour de nous et prenons les faits de notre vie quotidienne. Nous voyons passer un régiment, avec sabres, fusils, canons, mitrailleuses, qui nous donne l'impression d'une force matérielle irrésistible, et nous disons: c'est l'Etat qui crée et dirige cette force destinée à protéger le pays contre l'ennemi de l'extérieur. Nous sortons dans la rue, nous voyons un tumulte, une bousculade; des agents de police armés arrivent, arrêtent les perturbateurs et rétablissent l'ordre; c'est encore l'Etat qui, maître d'une force matérielle irrésistible, assure la paix et la tranquillité à l'intérieur. Vous avez un débiteur qui ne vous paie pas, vous le traduisez en justice, vous le faites condamner, et armé du titre exécutoire vous mettez en mouvement des agents spéciaux qui vont saisir et vendre ses biens malgré sa résistance et vous serez payé sur le prix. C'est encore l'Etat qui par la force assure le paiement des dettes privées. Enfin voilà un condamné qui, menottes aux poings, est conduit en prison ou est pendu ou guillotiné; c'est encore l'Etat, l'Etat dans le maximum de sa puissance matérielle, et Joseph de Maistre a pu dire que le bourreau était le symbole par excellence de l'Etat, que par suite il était divin, parce que l'Etat lui-même est la divinité sur la terre. Passez en revue toutes les manifestations par lesquelles se révèle à nous l'Etat, vous trouverez avant tout des manifestations de force matérielle.

Je dis avant tout, parce que, si pendant longtemps les manifestations de l'Etat ont été exclusivement des actes de force, il n'en est plus aujourd'hui ainsi. Les Etats modernes comme ceux qui les ont précédés agissent très souvent, peut-être le plus souvent, par la force. Mais par suite des transformations de la vie sociale, dues surtout aux découvertes scientifiques, par suite de ce que les économistes ont appelé la substitution de l'économie nationale à l'économie domestique, les Etats modernes exercent de nombreuses fonctions économiques, qui ne se traduisent pas dans des manifestations de force, et nous verrons, dans une des leçons suivantes, qu'il y a beaucoup de services publics où n'apparaît pas la puissance de contrainte matérielle. Mais cette réserve faite, il n'est pas douteux que ce qui apparaît au premier plan dans l'Etat, c'est sa puissance matérielle, sa force irrésistible de contrainte. Quand Ihering, le grand jurisconsulte allemand, quand Treitschke, le théoricien politique de l'Allemagne moderne, ont dit « *Der Staat ist Macht* », « l'Etat est force », ils ont eu raison. Nous aussi nous disons et nous dirons : l'Etat est force, il n'y a d'Etat que lorsque dans un pays il y a une force matérielle irrésistible. Mais je me hâte d'ajouter qu'à la différence des auteurs allemands précités nous disons et nous dirons : cette force matérielle irrésistible de l'Etat est réglée et limitée par le droit.

II

L'Etat étant ainsi essentiellement une force matérielle irrésistible, la question s'est posée et devait nécessairement se poser de savoir comment peut se justifier l'existence de cette force, si elle est légitime et dans ce cas comment peut être démontrée cette légitimité.

Tout le monde, sauf quelques anarchistes fous ou illuminés, reconnaît que pour la paix sociale l'existence d'un monopole de la force est indispensable en tout pays. Aussi sa légitimité paraît-elle certaine. Mais malgré cela, dominés par des préoccupations métaphysiques, les théoriciens politiques, surtout ceux qui ont écrit à partir du xviie siècle spécialement en France, ont voulu, pour expliquer la force de l'Etat lui donner pour support une entité métaphysique. Ils ont procédé comme les anciens physiciens qui par exemple derrière les phénomènes d'électricité plaçaient le fluide électrique. Derrière les phénomènes de force politique ils ont placé le concept de la souveraineté. Ils raisonnent ainsi : cette puissance de contrainte, elle est légitime; tous doivent s'y soumettre parce qu'elle repose sur la souveraineté de l'Etat et ce mot de souveraineté est une sorte de talisman qui expliquera tout.

On verra, dans notre prochain entretien, que bien loin d'expliquer tout, ce concept de souveraineté, inadmissible théoriquement, aboutit pratiquement à des impossibilités irréductibles et a pour grave conséquence d'entraver le développement du droit public interne et particulièrement du droit public international. Néanmoins comme ce mot de souveraineté joue encore dans la vie des peuples et dans les relations des divers pays entre eux un rôle que je n'hésite pas à qualifier de néfaste, mais dont on ne peut contester l'importance, il faut se demander comment est né le concept qu'il exprime, comment il s'est développé et comment on a essayé de le justifier ?

Si le mot de souveraineté n'était pas connu des Romains, ce sont eux cependant qui ont eu les premiers l'idée qu'il exprime, l'idée d'une puissance suprême qui s'impose à des volontés subordonnées pour cette seule raison qu'elle est la puissance suprême. Le mot *imperium*, qui servait à désigner le pouvoir de certains magistrats pendant la République romaine et ensuite le pouvoir de

l'empereur, exprime tous les éléments de ce que
sera, au xviie siècle, la souveraineté.

Au moyen-âge, pendant la période féodale,
l'idée s'affaiblit sans cependant disparaître complètement. Elle persiste dans le pouvoir que de
tout temps on a reconnu au roi de France, en
vertu de sa prérogative royale, d'assurer, sur tout
le territoire qui sera la France moderne, « la paix
par la justice ». Noble formule qui peut servir
encore à qualifier exactement la mission de l'Etat
moderne.

Dans la deuxième moitié du xvie siècle, au moment où s'élaborent les éléments de la monarchie
française absolue, la notion de souveraineté se
précise et elle trouve son expression la plus complète
dans un livre célèbre, *La République* de l'écrivain
français Bodin.

Le mot et la notion de souveraineté pénétraient
ainsi non seulement dans les théories des juristes,
mais aussi dans la conscience générale. C'était
le roi qui en était déclaré titulaire; mais il n'y
avait qu'un pas à faire pour attribuer cette souveraineté, non plus au roi, mais au peuple, à la
collectivité tout entière, à la nation. J.-J. Rousseau réalise la conception dans son livre célèbre
Le Contrat Social, qui a exercé une influence extraordinaire sur les idées modernes quoique, en réalité, il soit l'exposé, en une langue admirable
il est vrai, d'une série ininterrompue de sophismes
et d'erreurs.

III

Le concept de souveraineté étant parvenu à son complet développement, quel en est le contenu ? Toute une théorie a été édifiée à ce sujet; et il faut reconnaître qu'elle est très bien construite. Il est vrai qu'elle ne repose sur rien et qu'elle doit fatalement s'écrouler. Quoi qu'il en soit, la voici. Les propositions s'enchaînent logiquement.

La souveraineté est un droit subjectif, sur le titulaire duquel, d'ailleurs, on ne s'accorde pas. Etant un droit subjectif, elle est pouvoir de volonté. Mais ce pouvoir de volonté a les caractères suivants : 1° Il est un pouvoir de volonté commandante; 2° Il est un pouvoir de volonté indépendante; 3° Il est un pouvoir un; 4° Il est un pouvoir indivisible; 5° Il est un pouvoir inaliénable et imprescriptible.

1° La souveraineté est un pouvoir de volonté commandante. C'est le point capital. La volonté souveraine est par essence supérieure à toutes les volontés qui se trouvent sur le territoire soumis à cette souveraineté. Les rapports qui naissent entre volonté souveraine et volonté non souveraine sont des rapports entre volontés inégales, entre supérieurs et subordonnés.

Vous voyez dès à présent les dangers pratiques d'une pareille doctrine. Elle ne permet pas, en effet, de reconnaître le caractère obligatoire des contrats intervenus entre l'Etat et ses sujets. Les parties n'étant pas égales, il n'y a pas de véritable contrat possible, pas d'obligations qui puissent en naître à la charge de l'Etat. Et on va voir que la souveraineté étant par définition une volonté indépendante il ne peut pas y avoir non plus de convention internationale obligatoire pour les Etats et que par conséquent il ne peut pas y avoir de droit international.

2° La souveraineté est un pouvoir de volonté indépendante, ne relevant d'aucune autre volonté qui lui soit supérieure. Si elle cessait d'être cela elle cesserait d'être souveraineté. Les Allemands ont une formule un peu scholastique, mais qui exprime bien ce caractère attribué à la souveraineté. Ils disent que la souveraineté est une volonté qui ne se détermine jamais que par elle-même, c'est-à-dire une volonté qui fixe le but et l'étendue de son action, une volonté qui ne peut être déterminée par un but qui lui serait fixé de l'extérieur. Les Allemands emploient aussi une autre formule très expressive; ils disent : « La souveraineté a la compétence de sa compétence », c'est-à-dire, la souveraineté se fixe à elle-même son domaine d'action et seule peut en déterminer les limites.

De cette conception de la souveraineté qui appartiendrait à l'Etat il résulte d'évidence qu'aucune puissance supérieure à l'Etat ne peut fixer des limites à l'action de l'Etat, que par conséquent l'Etat ne peut être lié par une règle de droit supérieure, s'imposant à lui, que par conséquent il n'y a pas de droit public. C'est une conséquence contre laquelle nous ne saurions trop énergiquement protester.

3° La souveraineté est *une*. Cela veut dire que sur un même territoire et s'adressant aux mêmes individus il n'y a jamais et il ne peut jamais y avoir qu'une seule souveraineté. Pour le montrer, il suffit d'imaginer par la pensée que sur un même territoire existent deux puissances se prétendant souveraines. Si elles sont d'accord, pas de difficultés. Mais supposons que ces deux puissances manifestent des volontés opposées. Alors, ou bien ni l'une ni l'autre de ces volontés ne se réalisera; elles se neutralisent réciproquement, et ainsi aucune d'elles n'est souveraine; ou bien l'une de ces deux volontés le cédera à l'autre, et celle qui cède n'est plus souveraine, puisque son action se trouve limitée par une autre volonté qu'elle-même.

Ce caractère d'unité, qui doit nécessairement être reconnu à la souveraineté, rend inexplicable la situation des Etats dits Etats fédéraux, comme les Etats-Unis de l'Amérique du Nord, certains Etats de l'Amérique du Sud, notamment le Brésil et la République Argentine, et en Europe la Suisse l'Autriche, l'Allemagne. Si l'on admet l'existence de la souveraineté des Etats, il faut dire que par exemple le territoire de l'Etat de New-York et les habitants de ce territoire sont soumis à deux souverainetés, la souveraineté de l'Etat local, et la souveraineté de l'Etat fédéral. Mais cela est absolument contradictoire avec la notion même de souveraineté. Dès lors, il faut, ou bien rejeter cette notion de souveraineté ou bien dire qu'il n'y a pas d'Etat fédéral. Notre choix est fait puisque l'existence des Etats fédéraux est un fait incontestable et que la souveraineté est un pur concept de l'esprit.

4° La souveraineté est *indivisible*. Etant une volonté elle ne peut être morcelée sans disparaître et d'autre part, si on la supposait divisée, chacune des volontés composantes serait souveraine; il y aurait donc deux souverainetés s'exerçant sur le même territoire et sur les mêmes hommes; or l'on vient de voir que c'est impossible.

Ici encore le concept de souveraineté vient se heurter aux faits les plus certains. Dans tous les pays qui pratiquent aujourd'hui le régime représentatif, la prétendue souveraineté de l'Etat est exercée par plusieurs organes et cette répartition des prérogatives souveraines a reçu le nom de séparation des pouvoirs. Par le mot pouvoir, on a désigné chacun des éléments constitutifs de la souveraineté et les prérogatives qui se rattachent à chacun d'eux, chacun de ces éléments étant également souverain.

Comment alors a-t-on pu concilier cette séparation des pouvoirs avec l'indivisibilité de la souveraineté? Comment peut-il y avoir une souveraineté une et indivisible et cependant trois pouvoirs, l'exécutif, le législatif, le judiciaire, également souverains et indépendants. On n'a pu répondre à la question qu'en disant qu'il y

avait là un mystère juridique, tout à fait analogue
au mystère de la trinité divine dans le dogme
chrétien.

5° La souveraineté est inaliénable et imprescriptible. Le titulaire de la souveraineté ne peut
pas l'aliéner volontairement, et en aurait-il perdu
l'exercice pendant un temps quelque long qu'il
soit, il l'aurait néanmoins conservée parce qu'elle
est un pouvoir de volonté inhérent à sa personne
et qu'il ne peut pas le perdre sans cesser d'exister.

Certains théoriciens de la souveraineté en ont
conclu, à la suite de J. J. Rousseau, que puisque
la souveraineté est inaliénable elle ne peut pas
être représentée. La représentation politique implique que pendant sa durée la souveraineté passe
aux représentants du titulaire originaire et que
pendant ce temps la souveraineté est aliénée,
ce qui est impossible.

IV

Quoi qu'il en soit des éléments de la doctrine
exposée jusqu'ici, il faut aller jusqu'au bout et
montrer comment elle essaie de répondre à une
dernière question essentielle et qui est celle-ci :
quel est le titulaire de la souveraineté ? Question
à mon avis insoluble, ce qui est une nouvelle preuve
que le concept de souveraineté ne répond à rien
de réel. Que la question soit insoluble, la preuve
en est dans les nombreuses théories qui ont été
proposées pour la résoudre et qui peuvent se

classer en trois grandes catégories : 1º Les doctrines de l'Etat patrimonial ou *Etat-objet*; 2º Les doctrines de l'Etat-nation; 3º Les doctrines de l'Etat-puissance.

1º Les doctrines de l'Etat-objet ou Etat patrimonial ont été dominantes dans toute l'Europe jusqu'à la Révolution française. Non seulement elles étaient exposées par les théoriciens politiques, mais elles inspiraient assurément dans tous les pays la politique intérieure et dans toute l'Europe la politique internationale. On ne peut comprendre l'histoire européenne jusqu'à la Révolution française que si on la rattache à cette conception de l'Etat.

D'après elle c'est le prince qui est titulaire de la puissance souveraine. Par cette expression, on désigne d'ailleurs les gouvernants quels qu'ils soient, rois, empereurs, conseil d'une république aristocratique comme celle de Venise. Le prince est personnellement titulaire de la souveraineté; il possède un droit analogue au droit de propriété. L'*imperium* est juridiquement construit sur le modèle du *dominium*; la population, le territoire sont les objets de ce droit.

Avec la Révolution française, cette conception de la souveraineté et de l'Etat disparaît à peu près complètement; elle se maintient cependant en Autriche-Hongrie, jusqu'au Traité de Versailles de 1919 et au traité de St-Germain qui le suit de quelques jours, et qui raient de la carte du monde l'Empire austro-hongrois.

Ajoutez qu'en plein xixe siècle, cette doctrine périmée de l'Etat-objet ou Etat patrimonial a été enseignée par un des plus grands jurisconsultes de l'Allemagne, le professeur bavarois Seydel[1].

2° La doctrine de l'Etat-nation ou de la souveraineté nationale. Elle a été en France, de la Révolution jusqu'à nos jours, considérée comme un dogme intangible. Elle a trouvé sa première et complète expression dans la Déclaration des Droits de l'homme française de 1789, dans toutes les constitutions révolutionnaires françaises, dans la constitution française de 1848, et jusque dans l'article 23 de la Constitution égyptienne.

Dans cette doctrine, c'est la nation elle-même, conçue comme une personne distincte des individus qui la composent, qui serait titulaire de la souveraineté originaire et qui en déléguerait l'exercice à certains organes. L'Etat serait la nation titulaire de la souveraineté et l'exerçant par les organes qu'elle institue elle-même.

Cette théorie de la souveraineté nationale a, pendant toute une période, enflammé les esprits, inspiré les constitutions politiques, et souvent provoqué des révolutions; mais on ne saurait contester qu'elle est aujourd'hui à son déclin. Pour quelles raisons et que faut-il penser de sa valeur théorique et pratique, c'est ce qui sera examiné dans notre prochain entretien.

3° La doctrine de l'Etat-puissance est aujour-

---

1. Seydel, *Grundzüge einer allgemeine Staatslehre*, 1873.

d'hui enseignée par la plupart des juristes allemands. Mise au jour il y a une quarantaine d'années par le jurisconsulte Gerber, elle a été reprise et développée par le professeur Jellinek au commencement de ce siècle et, sous l'influence de celui-ci, elle est devenue la doctrine courante de la science allemande.

On enseigne dans cette doctrine que le titulaire de la souveraineté, ce n'est ni le prince, ni la nation, mais l'Etat pris en lui-même. Comme disent les philosophes on pose l'Etat, c'est-à-dire on affirme *à priori* que l'Etat existe en tant que personne et que par cela même qu'il est Etat, il est titulaire de la souveraineté. Quant à la nation, elle n'est, dans cette doctrine, qu'un organe de l'Etat, tout comme le parlement. La nation est organe pour élire, le parlement est organe pour légiférer. On aperçoit aisément l'inspiration régalienne d'une pareille doctrine et les conséquences auxquelles elle aboutit. Si la nation est tout simplement un organe de l'Etat, celui-ci peut, à son gré, en déterminer les fonctions et en limiter les droits.

Au cours de cet exposé j'ai montré certaines des contradictions et des impossibilités auxquelles vient se heurter le concept de souveraineté; mais cela ne suffit pas; et, dans notre prochain entretien, j'essaierai de montrer plus en détails les impossibilités théoriques et pratiques auxquelles se heurte la solution métaphysique que l'on prétend donner au problème de l'Etat.

4 février 1926.

Le problème de l'État.
Les impossibilités de la solution métaphysique.

Messieurs,

Dans notre dernier entretien nous nous sommes demandés ce qu'est l'Etat, et nous avons vu qu'il nous apparaissait surtout dans des manifestations de force matérielle. Nous nous sommes demandé alors comment cette force pouvait être légitime et nous avons vu qu'une doctrine, ancienne et très répandue, dominée par le besoin métaphysique propre à l'homme, explique la légitimité de la puissance étatique par le concept de souveraineté. Nous avons montré que sur ce fondement été édifiée toute une théorie, assurément logique, mais artificielle; que d'autre part les tenants de la doctrine se divisent quand ils veulent déterminer le titulaire de cette souveraineté.

Il ne faut pas nous arrêter là. Car, quoique arti-

ficielle, cette doctrine de la souveraineté serait
à la rigueur défendable si elle avait des conséquences
pratiques heureuses et si elle expliquait les faits
politiques du monde moderne. Or, c'est précisément tout le contraire. Elle se heurte à des
impossibilités de tous ordres, qui font qu'elle
est inadmissible et doit être énergiquement repoussée. J'ajoute que, bien plus, elle conduit à
des conséquences néfastes qui à mon sens la condamnent définitivement. C'est ce que je voudrais
montrer dans notre entretien d'aujourd'hui.

I

Et d'abord, s'il y a une souveraineté d'où vient-
elle, quelle en est l'origine? Depuis des siècles,
on discute la question, on se jette des arguments
à la tête et la solution n'avance pas d'un pas.
Les doctrines sont innombrables. Je n'ai point
l'intention de les exposer en détail; mais, si l'on
néglige les éléments secondaires, on peut dire
qu'elles se divisent en deux groupes : les doctrines
théocratiques et les doctrines démocratiques.
Tous les systèmes en effet se rattachent, soit à
l'idée théocratique, soit à l'idée démocratique.

Les doctrines théocratiques se divisent elles-
mêmes en deux catégories, les unes dites du droit
divin surnaturel, les autres dites du droit divin
providentiel.

Dans la doctrine du droit divin surnaturel,
on enseigne que la divinité a conféré directement,

au prince lui-même, en quelque sorte nommément désigné, le pouvoir souverain. C'est ainsi que dès le xive siècle, les légistes français enseignent que le roi de France « ne tient son pouvoir que de Dieu et de son épée ». Il est vrai que cette formule avait été inventée par les légistes de la couronne pour défendre les droits du roi contre le pape qui prétendait conférer la puissance, et contre l'empereur allemand qui prétendait être le suzerain général de toute l'Europe. Malgré cela, cette maxime était l'expression très simple et très précise de la doctrine du droit divin surnaturel. On la trouve encore, en plein xxe siècle, solennellement affirmée dans certains discours de l'empereur Guillaume II.

La doctrine du droit divin providentiel est plus subtile et plus habile. Oui, dit-elle, la souveraineté vient de Dieu, *Omnis potestas a Deo*, comme toute chose vient de Dieu. Mais ce qui vient de Dieu, c'est la souveraineté prise en elle-même, la souveraineté en soi, la substance de la souveraineté. Au contraire, la souveraineté, avec les formes contingentes qu'elle revêt suivant les pays et suivant les temps, ne vient pas de Dieu, mais des hommes. Elle est un produit de la volonté du peuple; elle est une création humaine; elle a toutes les imperfections des choses humaines et elle évolue comme celles-ci. Au fond, sauf la réserve que le pouvoir en soi vient de Dieu, la doctrine du droit divin providentiel raisonne comme la doctrine démocratique, et même sous la plume de certains écrivains elle apparaît avec un caractère plus scientifique que la doctrine démocratique pure.

Il est évident que les doctrines théocratiques ont un point de départ anti-scientifique et dès lors ne valent pas la peine d'être discutées. Mais il est d'évidence aussi qu'elles seules sont logiques. En effet si la souveraineté existe, elle est et elle ne peut être que le pouvoir d'une volonté supérieure aux volontés humaines; or ce pouvoir ne peut exister que s'il lui a été conféré par un être supra-terrestre et tout puissant.

II

Les doctrines démocratiques elles aussi se diversifient dans les détails, mais elles ont un fond commun qui se ramène à ceci. La souveraineté originaire appartient à la collectivité et, si l'on considère les sociétés modernes, qui la plupart ont acquis la forme *nation*, la doctrine démocratique se résume dans cette formule si souvent reproduite : la souveraineté originaire appartient à la nation. La doctrine démocratique est la doctrine de la souveraineté nationale.

Sur ce point je tiens tout particulièrement à éviter un malentendu, et je veux m'expliquer très nettement. Vous savez déjà, par le titre général que j'ai donné à la leçon d'aujourd'hui, par ce que j'ai dit et par ce que j'ai écrit sur la souveraineté nationale, vous savez, dis-je, que je nie scientifiquement l'existence de la souveraineté nationale. Mais malgré cela je suis démocrate; je me crois très démocrate, plus démocrate que beaucoup de ceux qui dans les réunions publiques affirment pompeusement le principe de la souveraineté nationale. Je suis démocrate parce que j'estime qu'il est désirable, aussi désirable que possible, que, dans tout pays, la totalité des citoyens ait une part égale à la direction des affaires publiques; je suis même un défenseur convaincu du suffrage des femmes. Je puis donc dire que je suis un démocrate ardent. Mais cela ne m'empêche pas, bien au contraire, de voir l'exacte réalité des choses, et de dire que scientifiquement le concept de souveraineté nationale ne répond à aucune réalité.

La Révolution française et plusieurs de nos constitutions ont proclamé le principe de la souveraineté nationale. Cela ne prouve point que ce soit une doctrine vraie. Si l'on n'avait pas proclamé ce faux dogme on aurait peut-être évité beaucoup d'abus, beaucoup de crimes. C'est à la faveur de ce faux principe qu'on a enflammé les esprits et qu'on est arrivé aux excès. Pendant toute une période on a cru à la vertu magique de ces mots souveraineté nationale. Ce sont eux qui ont ébranlé, puis renversé la plupart des trônes de l'Europe. Rien de tout cela ne prouve qu'ils expriment une réalité. Ils ont eu une influence sociale, oui. Qu'ils soient vrais, non. L'homme a un besoin toujours inapaisé de croyance au surnaturel et au mystérieux. Il ne croit plus aux dieux; il croit à la vertu surnaturelle des mots. Pendant plus d'un siècle, c'était la souveraineté nationale; c'est aujourd'hui la liberté syndicale, le droit de grève, la journée de huit heures. Formules aussi trompeuses, aussi dangereuses les unes que les autres, et contre lesquelles le juriste sociologue a le devoir de mettre en garde les hommes politiques et les électeurs.

Quoi qu'il en soit de tout cela, voici en quelques mots tout le système de la souveraineté nationale. Il a trouvé son expression la plus précise dans le *Contrat Social*[1] de J.-J. Rousseau. Les hommes sont naturellement isolés, libres, indépendants. A un moment donné, ils se sont spontanément rapprochés les uns des autres et il est intervenu une entente tacite dans laquelle les hommes ont abandonné leur indépendance naturelle pour acquérir en retour la sécurité. Voilà le contrat social, duquel est né le *moi-commun*, ou volonté générale. Si cette collectivité humaine est une nation, le *moi-commun*, la volonté générale est la conscience nationale, la volonté nationale. Cette volonté générale, cette volonté nationale est souveraine, et cela pour les deux raisons suivantes :

1° La volonté générale est plus grande que les volontés individuelles comme le contenant est plus grand que le contenu. Elle est donc naturellement supérieure aux volontés individuelles, elle est souveraine. 2° Si la volonté générale est supérieure aux volontés individuelles et cela par nature, elle est cependant la totalisation de ces volontés et, lorsqu'elle commande, les volontés indi-

---

1. *Contrat social*, livre I, chap. ı et chap. vıı.

Duguit

viduelles, en lui obéissant, n'obéissent en réalité qu'à elles-mêmes. Les individus sont donc légitimement soumis à la volonté générale ou volonté nationale, puisqu'ils ne sont soumis alors qu'à eux-mêmes, puisqu'en lui obéissant ils n'obéissent qu'à eux-mêmes.

Les passages du *Contrat social* où cette idée est nettement exprimée sont nombreux. En voici deux. Au début même du *Contrat Social* J.-J. Rousseau écrit : « L'homme est né libre et partout il est dans les fers. Comment ce changement s'est-il fait ? Je l'ignore. Qu'est-ce qui peut le rendre légitime ? Je crois pouvoir l'expliquer. » Et un peu plus loin : « Le souverain n'étant formé que des particuliers qui le composent n'a ni ne peut avoir des intérêts contraires aux leurs. Par conséquent la puissance souveraine n'a nul besoin de garant envers les particuliers. »

III

Que valent ces raisonnements ? Rien du tout Il est facile de le montrer. Et d'abord, y aurait-il une volonté générale, rien ne prouve qu'elle soit supérieure aux volontés individuelles. Quoique générale, elle est une volonté humaine, et à moins que vous ne démontriez que la divinité lui a donné la souveraineté, vous ne pouvez affirmer qu'elle la possède. En déclarant que le peuple est souverain vous faites un acte de foi du même ordre que celui de ceux qui attribuent par droit divin la souveraineté au roi. Et c'est pourquoi on a eu cent fois raison de dire que la doctrine de la souveraineté nationale n'avait fait que substituer le droit divin du peuple au droit divin du roi.

Quant au raisonnement de Rousseau et de ses fidèles disant : j'obéis à la volonté générale et cependant je suis libre parce que je n'obéis qu'à moi-même puisque la volonté générale est composée des volontés individuelles, ce raisonnement, dis-je, est contradictoire et sophistique. En effet, on commence par affirmer qu'il existe un *moi-commun*, une personne collective qui a une volonté distincte des volontés individuelles, que par conséquent la volonté nationale n'est point la somme des volontés individuelles. Par conséquent, quand j'obéis à la volonté générale, c'est à une volonté distincte des volontés individuelles, c'est à un souverain supérieur aux individus et distinct d'eux que j'obéis. Ce n'est pas à moi-même que j'obéis, c'est à un supérieur. Par le raisonnement précédent vous vous mettez en contradiction avec vous-même et vous n'expliquez rien.

Au reste, laissons cette dialectique un peu subtile et allons au fait. Dans un pays qui proclame le principe de la souveraineté nationale et le met en application, que se passe-t-il? Il faut consulter le corps des citoyens, sous forme d'élection ou de plébiscite et la décision ne peut intervenir que par le décompte des voix établissant la majorité. Si donc une décision est prise par 1000 voix contre 500, dans la réalité ce sont 1000 individus qui

mposent leur volonté aux 500 autres. Dans la
vérité des choses, votre souveraineté nationale
appartient à 1000 individus, et ce sont 1000 volontés individuelles qui prétendent s'imposer aux
autres et cela n'est pas plus légitime que la prétention d'un roi voulant imposer sa volonté à ses
sujets. La souveraineté nationale, c'est tout simplement l'assujettissement de la minorité à la
majorité.

Rousseau a compris l'objection. Il a tâché d'y
répondre; et ici, s'il m'est permis d'employer
une expression de sport, je dirai qu'il atteint le
record du sophisme. Il ose écrire en effet : « Si donc
(dans l'assemblée du peuple) l'avis contraire au
mien l'emporte, cela ne prouve autre chose sinon
que je m'étais trompé et que ce que j'estimais être
la volonté générale ne l'était pas. Si mon avis particulier l'eût emporté, j'aurais fait autre chose que
ce que j'avais voulu; c'est alors que je n'aurais
pas été libre[1] ».

Ainsi, d'après **J.-J.** Rousseau, l'homme n'est
libre que s'il est soumis sans restriction à la volonté
générale, en fait à la volonté d'une majorité.
N'oubliez pas que si Rousseau a écrit en français,
et dans une belle langue française, cependant il
n'était pas français, mais calviniste genevois et
cela explique aisément sa mentalité politique.
On ne saurait nier que la pensée de Rousseau a
inspiré la philosophie politique de Hegel, dans

----

1. *ontrat social,* li re II chap. IV.

laquelle les juristes allemands de nos jours ont puisé leur doctrine de la force, inspiratrice de la politique allemande d'absolutisme à l'intérieur, de violence à l'extérieur[1].

IV

Mais laissons la théorie et plaçons-nous exclusivement au point de vue pratique. Si la doctrine de la souveraineté nationale pouvait servir de fondement au suffrage universel, je vous dirais : malgré ses contradictions, malgré son imperfection théorique, il faut la défendre. Eh bien! elle n'a même pas cet avantage et cela est tellement vrai que l'Assemblée constituante de 1789 a invoqué le principe même de la souveraineté nationale. pour instituer le suffrage restreint. S'il est une époque où l'on a cru au principe de la souveraineté nationale, c'est assurément le début de la Révolution française. M. de Tocqueville a pu dire que le dogme avait eu ses apôtres et ses martyrs comme un article de foi religieuse. Et malgré cela les constituants de 1791 se sont bien gardés d'établir le suffrage universel. Ils ont déclaré que le principe de la souveraineté nationale les obligeait, non point à conférer à tous le droit de suffrage, mais à déterminer ceux qui étaient les plus aptes à exprimer la volonté nationale. Et quand un demi-siècle plus

---

1. Conf. mon étude, *J.-J. Rousseau, Kant et Hégel, Revue du droit public 1918* et tirage à part.

tard, en 1848, on a proclamé solennellement le principe de la souveraineté nationale et le dogme du suffrage universel, malgré le mot on n'a point eu la chose. On n'a point eu vraiment le suffrage universel, puisqu'en refusant l'électorat aux femmes on écartait de la vie politique la moitié du peuple français.

Voilà comment la théorie démocratique n'explique rien. De même que la théorie théocratique elle est impuissante à légitimer la souveraineté. Mais, dit-on, quel que soit le titulaire originaire de la souveraineté, le prince, la nation ou l'Etat, quelle que soit son origine, la souveraineté existe; la nier c'est nier l'évidence; il faut prendre la chose telle qu'elle est.

Je réponds que la souveraineté n'existe pas; que ce qui existe c'est la croyance à la souveraineté, ou du moins ce qui a existé à une certaine époque, car aujourd'hui cette croyance est certainement à son déclin. Derrière cette croyance il n'y a rien, il n'y a jamais eu quelque chose. Cette croyance elle-même est dangereuse, et c'est pour cela qu'il faut achever de la détruire. Mais j'ajoute tout de suite que s'il n'y a pas le droit de commander, il y a pour les gouvernants le devoir d'agir, d'organiser, de gérer les services publics, et que ce devoir, comme je le montrerai plus loin, fonde et limite en même temps leurs pouvoirs.

La raison capitale pour laquelle nous devons travailler à détruire la croyance à la souveraineté étatique, c'est qu'avec elle on est dans l'impossibilité absolue de constituer le droit public interne et le droit public international.

Je rappelle que la souveraineté, si elle existe, est la volonté de l'Etat, laquelle est une volonté indépendante, ne se déterminant jamais que par elle-même et fixant elle-même l'étendue de son activité. Or il ne peut y avoir de droit public que si l'Etat est lié par une règle de droit s'imposant à lui, et si de par cette règle de droit il est obligé de faire certaines choses et de ne pas faire certaines autres. Or une pareille règle de droit s'imposant à l'Etat est inconcevable et irréalisable si l'Etat a une volonté qui ne peut être déterminée par un élément extérieur à elle et qui fixe elle-même l'objet de son action. Il faut donc, ou bien sacrifier le droit public, ou bien sacrifier la souveraineté. Il n'y a pas de milieu.

On a fait bien des efforts, on a accompli des prodiges de dialectique subtile, pour essayer de concilier ces contradictoires. On n'y a point réussi. Les constituants français de 1789-91 avaient cru y arriver avec la doctrine des droits individuels naturels, dont je vous parlerai plus tard avec quelques développements. On disait : l'homme, par cela même qu'il est homme, a des droits naturels, inaliénables et imprescriptibles, auxquels l'Etat ne peut porter atteinte ou que du moins il ne peut limiter que dans la mesure où cela est nécessaire pour la protection des droits de tous. Mais alors on se trouve en présence de ce dilemme irréductible : ou bien l'Etat peut apporter telle limitation aux droits de l'individu qu'il apprécie souverainement et alors la liberté individuelle disparaît; ou bien l'Etat ne peut pas limiter les droits individuels comme il l'entend, et alors c'est la souveraineté de l'Etat qui s'évanouit.

Dans un domaine voisin, le domaine contractuel, la même impossibilité apparaît, le même dilemme s'impose. S'il est aujourd'hui un principe universellement reconnu par les tribunaux et les juristes, c'est que l'Etat est obligé par ses contrats. Or si l'Etat est souverain, il ne peut pas être lié contractuellement parce que sa volonté serait déterminée autrement que par elle-même; ou s'il est lié par le contrat, il n'est plus souverain. On a, il est vrai, inventé le contrat de droit public pour essayer d'écarter le dilemme. On n'y est point arrivé parce que le prétendu contrat de droit public est tout le contraire d'un contrat, l'une des parties, l'Etat, n'étant alors obligée que si elle le veut bien.

Il faut donc achever de tuer ce concept de souveraineté. Il est mort; mais il y a des morts qu'il faut qu'on tue [1].

V

Les jurisconsultes allemands ont bien compris la difficulté, et pour l'écarter ils ont inventé un

---

1. Cf. le bel article de M. Politis, *Les limitations de la souveraineté*, dans la *Revue de Paris*, 1er mars 1926. M. Politis conserve le mot de souveraineté, mais nie la chose qu'il exprimait.

système ingénieux, très ingénieux, mais qui est un trompe-l'œil. C'est la théorie dite de *l'auto-limitation*. La voici dans ce qu'elle a d'essentiel. L'Etat, disent-ils, est souverain en ce sens que sa volonté ne se détermine jamais que par elle-même; mais l'Etat qui crée le droit peut se soumettre volontairement à ce droit qu'il crée lui-même. Il est alors saisi par le droit, lié et limité par lui, et cependant il reste souverain. En effet, en se soumettant volontairement au droit, l'Etat a été déterminé par lui-même et sa volonté est restée souveraine, quoiqu'elle soit devenue limitée par le droit.

Cette doctrine est évidemment ingénieuse, mais elle ne peut tromper personne. Le sophisme est évident. En effet, si l'Etat n'est lié par le droit que parce qu'il s'est soumis volontairement à lui, que parce qu'il a cru que c'était une bonne politique, que parce qu'il a pensé qu'il serait mieux obéi s'il agissait conformément au droit, il peut aussi s'y soustraire volontairement quand les circonstances auront changé et qu'il est de son intérêt de violer le droit[1].

Le grand jurisconsulte Ihering, qui le premier a formulé la doctrine de l'autolimitation, n'a point reculé devant une pareille conséquence. Il a dit expressément que le droit est la politique de la force, que l'Etat s'y soumet pour être mieux

2. Ihering, *Der Zweck im Recht*, p. 343, 366 et 367; Jellinek, *Allgemeine Staatslehre*, p. 302-306 et 323-331.

-obéi, mais que toutes les fois que les circonstances sont telles qu'il est de son intérêt de s'y soustraire, il échappe à la prise du droit. Jellinek a exprimé la même idée dans des termes analogues en ajoutant que « le droit est fait pour l'Etat et non l'Etat pour le droit ».

Ainsi lorsque, le 5 août 1914, M. de Bethmann-Hollweg, en recevant l'ambassadeur britannique qui lui annonçait la déclaration de guerre à raison de la violation de la neutralité belge par l'Allemagne, s'écria, faisant allusion au traité de neutralité signé par l'Allemagne et outrageusement violé par elle : « Et tout cela pour un chiffon de papier ! » M. de Bethmann-Hollweg ne faisait que traduire en langage politique la théorie des plus grands jurisconsultes allemands.

Voilà où conduit nécessairement et logiquement le concept de souveraineté et par là n'est-il pas jugé et définitivement condamné ?

Il ne suffit pas de détruire la conception métaphysique de l'Etat et la théorie de la souveraineté, il faut les remplacer, montrer ce qu'est l'Etat dans la réalité des choses et comment il est vraiment soumis au droit et lié par lui. C'est ce que nous entreprendrons dans notre prochaine réunion.

9 février 1926.

HUITIÈME LEÇON

———

Le problème de l'État. — La solution réaliste. Comment elle seule peut donner un fondement au pouvoir
de l'État et à la limite de ce pouvoir.
La notion de service public.

———

Messieurs,

Avec les précédentes leçons nous sommes arrivés
aux conclusions suivantes :

1° La souveraineté, comme droit subjectif de
puissance commandante, comme pouvoir d'une
volonté de ne jamais se déterminer que par elle-
même, n'existe pas.

2° Si cette souveraineté existait on ne pourrait
en trouver le titulaire. On ne pourrait en effet
l'attribuer, ni au prince, ni à la nation considérée
comme une personne, ni à l'Etat personnifié.
On ne peut même pas l'attribuer à la nation parce
que cela revient à dire qu'une majorité d'individus
peut imposer sa volonté à une minorité et que l'on

ne peut pas comprendre pourquoi il en serait ainsi.

Mais, me direz-vous, si l'on nie l'existence de la souveraineté, on nie par là même l'existence de l'Etat et tout s'écroule; c'est tout simplement l'anarchie. Eh bien, non! Rien ne s'écroule, au contraire tout s'édifie et bien plus solidement qu'avec cette formule vide de sens qu'est la souveraineté nationale.

I

Vous entendrez demain, ici même, une conférence de M. Hostelet, professeur à la Faculté des lettres, sur le principe d'autorité. M. Hostelet a le droit plus que personne de parler sur un pareil sujet, puisque, appartenant à la noble nation belge, il a été victime de l'agression allemande que ses auteurs prétendaient justifier par le principe d'autorité souveraine. Ce principe d'autorité je ne le nie pas plus que M. Hostelet; mais il s'agit de savoir sur quel élément on doit le fonder et de savoir ce qu'il y a derrière les mots qui l'expriment. C'est précisément ce à quoi je vous convie, et dès à présent je résume ma pensée en disant : cette autorité nécessaire, indispensable à la vie des sociétés humaines, ce n'est pas sur un prétendu droit subjectif qu'on peut la fonder, c'est seulement sur le devoir s'imposant à tout homme vivant en société.

Il n'est pas dans le monde de question plus grave,

plus fondamentale que celle du devoir ou si vous voulez que la question morale. En réalité toute les questions quelles qu'elles soient, questions sociales, questions politiques, internes ou internationales, toutes se ramènent à des questions morales et tous les problèmes qui se posent à la conscience humaine seraient résolus du coup, si, dans le monde entier, tous, grands et petits, remplissaient leur devoir. Je dis, grands et petits, et j'ai en vue les gouvernants et les gouvernés. Un Etat ne peut vivre et grandir que si les gouvernants remplissent leurs devoirs, et ceux-ci se résument pour les gouvernants dans cette formule : ils doivent gouverner pour leurs sujets et non pour eux-mêmes. Dans la mesure où ils agissent ainsi et seulement à la condition qu'ils agissent ainsi ils peuvent imposer leur volonté aux gouvernés et leur puissance se légitime non pas par son origine, non pas par un prétendu droit dont ils seraient titulaires, mais par la manière dont ils l'exercent.

Je parle de la puissance des gouvernants et j'entends par là même une puissance matérielle. En effet si nous examinons directement les manifestations gouvernementales, nous voyons qu'elles nous apparaissent toujours en des manifestations de force matérielle. Sans doute il y a dans les Etats modernes des parlements, des chefs d'Etat, des rois, des présidents de la République, des ministres. Mais ils ne seraient rien s'ils n'avaient pas à leur disposition une force matérielle de contrainte, qu'ils peuvent à leur volonté mettre en mouvement. Joseph de Maistre disait que le bourreau était divin, parce qu'il était le symbole de la puissance gouvernementale, elle-même divine. Je ne vais point jusque là, je n'aime à parler ni du bourreau, ni du divin; mais la formule de Joseph de Maistre était exacte, si l'on écarte ce qu'elle avait de mystique. Je dirai simplement que c'est le gendarme qui est le symbole de l'Etat, parce qu'il est le symbole de la force publique et que sans elle il n'y a pas d'Etat.

Voilà le fait. Comment certains individus sont-ils arrivés à la possibilité de mettre à leur gré en mouvement une force de contrainte irrésistible; en un mot, comment se fait-il qu'il y ait dans les sociétés des gouvernants et des gouvernés? Comment s'est produite la différenciation entre les gouvernants et les gouvernés? L'Etat est le produit même de cette différenciation. Il y a un Etat dans une société dès que cette différenciation s'est produite.

La différenciation politique s'est réalisée lentement sous l'action d'éléments divers : le besoin de la sécurité, les croyances religieuses, l'attribution à tels ou tels individus d'un pouvoir surnaturel et beaucoup d'autres encore. Il faudrait pour étudier l'évolution politique parcourir, comme a tenté de le faire Herbert Spencer, l'histoire de l'humanité tout entière. C'est une œuvre évidemment que je ne puis entreprendre ici. Je ne peux que vous indiquer en quelques mots les éléments qui ont le plus habituellement et le plus fortement agi, particulièrement au xixe et au xxe siècle.

A propos des éléments qui ont amené la différenciation politique, on a voulu parfois établir des théories d'ensemble et on a eu absolument tort. Dans toute généralisation il y a une part de vérité, mais une part encore plus grande d'erreur. Des théories proposées sur les formes générales de la différenciation politique je ne citerai que deux.

D'abord la théorie religieuse, qui attribue la formation des forces gouvernantes dans tous les pays et dans tous les temps à la croyance que certaines personnes possèdent une force surnaturelle. Il n'est pas douteux que, dans la plupart des populations primitives, c'est en effet la croyance religieuse qui a été le facteur premier des institutions politiques. On a cru souvent que certaines familles recevaient un pouvoir spécial de la divinité et on a été amené à confondre la puissance politique avec la puissance religieuse. Ce fait s'est produit à des époques diverses dans presque toutes les sociétés d'origine aryenne ou sémitique. La Russie tsariste jusqu'en 1917, ou au moins jusqu'en 1905, nous a offert un exemple complet d'une puissance politique fondée sur des croyances religieuses.

De nos jours encore, dans les pays qui se croient complètement détachés de toute croyance à une religion positive, le besoin religieux occupe une place considérable et les foules attribuent à certaines formules ou à certaines institutions une force surnaturelle. Ce mysticisme joue un rôle incontestable dans les formations politiques et il constitue un élément de gouvernement que ni les sociologues ni les hommes politiques ne peuvent méconnaître. Les croyances à la souveraineté nationale, au syndicalisme, à la vertu magique de la grève générale et de la journée de huit heures, sont des exemples typiques qui montrent l'influence persistante du sentiment religieux.

Mais, si la foi religieuse a eu et a encore une influence certaine sur la différenciation politique, il n'est pas vrai qu'elle ait seule agi et à côté d'elle d'autres éléments ont fait sentir leur action. La force économique a toujours joué un rôle de premier ordre dans l'évolution politique. Karl Marx et ses disciples ont enseigné que dans l'histoire la puissance politique a toujours marché de pair avec la puissance économique et que le pouvoir de l'Etat a toujours appartenu à ceux qui détenaient la richesse. Dans l'histoire romaine, disent-ils, on aperçoit la lutte continuelle entre les plébéiens et les patriciens qui n'était point une lutte politique, mais une lutte économique; et la puissance politique a été acquise à la plèbe lorsqu'elle eut conquis la richesse. Ce qui s'est passé à Rome s'est passé ou se passera dans tous les pays et de nos jours la classe prolétarienne pour conquérir la puissance politique doit d'abord exproprier la classe bourgeoise. C'est en quelques mots la théorie célèbre du matérialisme historique.

Il est incontestable que la richesse a joué un rôle important dans la formation des institutions politiques, mais pas plus que l'élément religieux elle n'a été le seul à agir. Et l'erreur est la même de dire que le facteur économique explique tout, ou que la croyance religieuse a été la source unique de la puissance politique.

Ces deux éléments se sont combinés dans des conditions variables avec les temps et avec les pays; ils ont amené la formation de gouvernements de formes diverses, mais ces gouvernements n'ont pu se maintenir que lorsque ils ont rendu les services que les gouvernés avaient le droit d'en attendre, ou du moins que lorsque les gouvernés pouvaient légitimement croire que ces services leur étaient rendus. De fait tout gouvernement qui ne remplit pas sa mission, qui n'assure pas la paix par la justice, suivant la belle formule de l'ancienne France, est condamné à disparaître. Tout gouvernement au contraire, quelle que soit son origine, quels que soient les troubles, les crimes les violences au milieu desquels il est né, se maintient, s'impose au respect et à la reconnaissance si, la période des troubles passée, il remplit ses devoirs, s'il assure la paix par la justice.

II

Comment dans le cours du xixe et du xxe siècle s'est produite la différenciation politique?

Esmein a écrit : « Il semble que le suffrage universel progresse à la manière d'un phénomène physique. » Il avait raison. En effet, dans tous les pays du monde la puissance politique a peu à peu passé dans les mains de la majorité numérique. Ce serait cependant une erreur de croire qu'il n'y a pas eu parallèlement d'autres forces politiques agissantes. L'homme d'Etat et le sociologue qui ne l'apercevraient pas ne seraient pas dans la réalité. Par exemple, dans certains pays, en Angleterre notamment, la foi monarchique est une force qu'il serait singulièrement imprudent de négliger. Nulle part l'influence religieuse n'a complètement disparu. L'homme politique qui l'oublie s'expose à de singuliers mécomptes. Enfin, dans le monde entier le syndicalisme apparaît au premier plan des forces politiques, à la fois par les groupements professionnels qui se sont formés et par la force mystique, surnaturelle, qu'on attribue à la formule syndicaliste.

Il y aurait beaucoup à dire sur le mouvement syndical. Je ne veux m'y arrêter que quelques instants et montrer d'un mot comment son évolution normale a été faussée.

Le syndicalisme, tel qu'il apparaissait au moins en France il y a 25 ans environ, était un effort pour arriver à une réorganisation de la société fondée sur la coordination et la hiérarchisation des classes. La Révolution française, en supprimant tous les anciens groupements sociaux, en proclamant comme des dogmes le principe de la souveraineté nationale et l'égalité des individus, avait amené ce qu'on pourrait appeler une pulvérisation sociale. Tous les individus étaient égaux, mais isolés les uns des autres, placés en présence de l'Etat tout puissant, sans qu'il y eût entre eux aucun groupement suivant leurs intérêts et leurs affinités. Tout le XIXe siècle a été rempli par un effort d'association, tendant au rapprochement des individus suivant la communauté des tendances, des besoins et des besognes accomplies. Au commencement du XXe siècle, les éléments de cette transformation se précisent et nous apparaissent définis. Les individus accomplissant les mêmes besognes, ayant les mêmes intérêts, tendent à se rapprocher les uns des autres, forment des associations, des corporations coordonnées et hiérarchisées entre elles. Ainsi apparaissent les premiers linéaments d'une société nouvelle dans laquelle les différentes classes sociales auront une structure définie, et par là-même une force politique qui devra se combiner avec la puissance des majorités. On apercevait déjà le moment où en France particulièrement la représentation politique devait être assurée par deux chambres, l'une élue au suffrage universel, représentant la majorité numérique et l'autre assurant la représentation des classes professionnelles organisées en syndicats.

L'évolution qui paraissait devoir s'accomplir a été faussée et entravée par le syndicalisme révolutionnaire, par l'intervention des démagogues qui ont agité le monde ouvrier en prêchant la guerre des classes et en prétendant que le syndicalisme était l'association du monde ouvrier se dressant en guerre contre la bourgeoisie capitaliste pour l'exproprier et l'anéantir. Je crois que cette expro-

priation et cet anéantissement ne sont pas près
de se réaliser. Je crois que ces prédications déma-
gogiques et certaines tentatives de grève générale
qui, il y a six ans, ont piteusement échoué, ont
eu plutôt pour effet de diminuer la force politique syndicale que de l'accroître. Malgré tout,
dans la plupart des pays modernes les syndicats
professionnels constituent certainement un élément de puissance gouvernante, qui doit arriver
dans un avenir prochain à conquérir une représentation politique.

III

Quoi qu'il en soit, voici la conclusion de ces
quelques développements. Un gouvernement
n'existe et ne peut se maintenir que lorsqu'il
s'appuie sur certains éléments de force politique
existant dans le pays et que si en outre il accomplit
la tâche sociale qui s'impose à lui. Une société
est organisée en Etat toutes les fois qu'il existe
chez elle un gouvernement ainsi compris. L'Etat
n'est point une personne collective souveraine,
mais tout simplement une société dans laquelle
un ou plusieurs individus, appelés gouvernants,
possèdent la puissance politique, c'est-à-dire une
puissance de contrainte irrésistible; l'exercice de
cette puissance de contrainte est légitime si elle
tend à réaliser les devoirs qui s'imposent aux
gouvernants.

Quand nous parlons des devoirs de l'Etat, nous

avons en vue des devoirs qui s'imposent, non à une personne collective souveraine qui n'existe point, mais à des individus qui eux existent bien réellement. Quand nous parlons des devoirs qui s'imposent à l'Etat français par exemple, ce sont des devoirs qui s'imposent non pas à la personne souveraine que serait l'Etat français (il n'y a là qu'un pur concept de l'esprit), ce sont des devoirs qui s'imposent aux individus, en chair et en os, qui détiennent en fait la puissance politique, aux trois cents sénateurs, aux six cents députés, au président de la République, aux treize ministres. C'est à eux que nous disons : vous êtes les gouvernants; nous ne recherchons pas en vertu de quel titre; nous prenons le fait; vous détenez la force de contrainte; vous pouvez la déclancher à votre gré; mais vous n'avez légitimement ce pouvoir que dans la mesure où vous remplissez vos devoirs de gouvernants.

Quels sont ces devoirs? Pour les connaître il ne faut point monter dans les astres; ce n'est pas dans une vision éthérée que nous les apercevrons; ils sont terre à terre et ils prennent leur source dans le fait social lui-même. Une nation ne peut vivre et se développer que si le fait de solidarité sociale se réalise et se développe lui-même. Par conséquent c'est un devoir impérieux pour tous les membres d'une nation, depuis le plus modeste des citoyens jusqu'au chef de l'Etat, qu'il soit président de la République, roi ou empereur, de travailler dans la mesure où il le peut à la réalisation de la solidarité sociale.

Celle-ci se réalise par un échange de services, chacun devant apporter aux autres les services qu'il peut leur rendre à raison de sa situation et de ses aptitudes. Les gouvernants sont des individus comme les autres, leur volonté n'est point d'une essence supérieure, la volonté d'un monarque absolu n'a pas plus de valeur ou de force que celle du plus modeste des paysans; celui-ci est obligé d'apporter à la collectivité son travail manuel, celui-là est obligé d'employer la force qu'il détient à l'accomplissement sans interruption de toutes les activités d'intérêt général qui sont de telle nature que si elles étaient suspendues, même pendant un temps très court, cela entraînerait la désorganisation et peut-être la mort de la société.

Ce sont ces activités, dont la réalisation continue est indispensable à la vie sociale, qui forment l'objet de ce que nous appelons les services publics. Ainsi les devoirs des gouvernants se résument dans l'obligation pour eux d'assurer d'une manière permanente le fonctionnement des services publics.

IV

Dans les Etats modernes les services publics deviennent de plus en plus nombreux. De tout temps ont existé certains services publics; ils existent encore et tant qu'il y aura des sociétés humaines il en sera ainsi. Ce sont les services de guerre, de police et de justice. Les gouvernants

doivent assurer la défense de la société contre les
ennemis de l'extérieur. Ils doivent assurer la paix
à l'intérieur et une égale justice à tous les membres
du corps social. Pendant longtemps la guerre,
la police et la justice étaient les seuls services
publics, et, comme pour en assurer l'accomplissement, les gouvernants intervenaient par voie
d'acte unilatéral, on était amené à croire qu'ils
avaient une force de volonté particulière. C'est
de là qu'est née en partie la théorie traditionnelle
de l'*imperium*, puissance publique ou souveraineté.

De nos jours, ces services publics de guerre,
de police et de justice existent toujours et nécessairement; mais à côté d'eux sont nés toute une
série d'autres services ayant un caractère technique,
industriel et commercial. Les inventions modernes
ont amené, suivant la formule des économistes,
la substitution de l'économie nationale à l'économie
domestique. Avec elle sont nés les chemins de fer,
l'éclairage électrique, les téléphones, toutes choses
maintenant indispensables à la vie nationale.
Dès lors, les gouvernants ont une mission singulièrement complexe et des devoirs infiniment nombreux. Ils doivent assurer sans interruption le
fonctionnement de tous ces services, qui sont
indispensables à la vie même de leur nation. S'ils
n'en ont pas le pouvoir et s'ils ne savent pas remplir ces fonctions, ils ne méritent pas de conserver
leur situation; leur puissance n'est plus légitime
et elle doit cesser.

C'est ainsi que dans mon livre *Les transforma-*

tions du Droit public, que vous voudrez bien me permettre de citer, j'ai écrit : « Toutes les volontés sont des volontés individuelles; toutes se valent; il n'y a pas de hiérarchie des volontés. Toutes les volontés se valent si l'on ne considère que le sujet. Leur valeur ne peut être déterminée que par le but qu'elles poursuivent. La volonté du gouvernant n'a aucune force comme telle; elle n'a de valeur et de force que dans la mesure où elle poursuit l'organisation et le fonctionnement d'un service public. Ainsi la notion de service public vient remplacer celle de souveraineté. L'Etat n'est plus une puissance souveraine qui commande; il est un groupe d'individus détenant une force qu'ils doivent employer à créer et à gérer les services publics. La notion de service public devient la notion fondamentale du droit public moderne. »

11 février 1926.

NEUVIÈME LEÇON

Les fonctions de l'État. Le point de vue matériel et
le point de vue formel. La fonction législative.
Les lois constitutionnelles et les lois ordinaires.

Messieurs,

Je parle des fonctions de l'Etat. Si j'employais
une formule tout à fait exacte, je devrais dire les
fonctions du gouvernement, puisque j'ai montré
précédemment que l'Etat n'est point une personne,
qu'il ne peut ni vouloir, ni agir et que l'activité
publique est exercée par les individus qui détiennent en fait le monopole de la force, c'est-à-dire
les gouvernants. Mais il suffit de s'entendre;
je parle des fonctions de l'Etat parce que la formule est celle qui est communément employée,
parce qu'elle est commode; mais il est bien entendu
qu'en parlant des fonctions de l'Etat je n'aban-
donne rien des idées précédemment exposées.

I

Quand on étudie les fonctions de l'Etat il faut
éviter une confusion dans laquelle on tombe fré-

quemment. Il faut, en effet, soigneusement distinguer les fonctions économiques ou sociales de l'Etat et les fonctions juridiques.

Demander quelles sont les fonctions économiques ou sociales de l'Etat, c'est demander ce que doit faire l'Etat, quelle doit être son activité, quels sont les services publics qu'il doit organiser, réaliser et contrôler. C'est une question d'ordre économique et social très vaste et que je n'ai point l'intention d'étudier. Je me borne à rappeler que toujours et partout les gouvernants ont dû et doivent encore assurer la défense du pays contre l'ennemi de l'extérieur et assurer l'ordre, la paix et la justice à l'intérieur, et pour cela instituer les vieux services publics de guerre, de police et de justice. Mais en outre l'Etat moderne est tenu d'organiser et de diriger toute une série de services publics d'ordre technique, comme ceux de transport en commun, d'éclairage, de travaux publics. Enfin, la conscience moderne impose à l'Etat l'obligation d'assistance, d'instruction publique, d'organisation du travail, de prévoyance sociale. Dans quelle mesure et comment doit-il remplir ces diverses fonctions, c'est une question d'ordre économique que je ne dois pas aborder.

Peut-on à cet égard formuler une règle générale ? Certains l'ont pensé et deux écoles ont été longtemps aux prises : l'école interventionniste ou étatiste et l'école non-interventionniste ou libérale. L'Etat, disait cette dernière, n'a d'autre chose à faire que d'assurer la sécurité à l'extérieur et la tranquillité à l'intérieur; s'il va au delà, il sort de son domaine, il fausse le libre jeu des lois économiques et cela au détriment de la société elle-même. Non, répondait l'école interventionniste, l'Etat doit sans doute assurer la sécurité et la tranquillité; mais il doit en outre faire régner la justice sociale, et par conséquent intervenir dans tous les domaines de l'ordre économique.

L'une et l'autre de ces deux doctrines avaient tort. On ne doit pas et on ne peut pas, en ce qui concerne l'intervention de l'Etat, formuler une règle générale. La solution doit dépendre des circonstances, du milieu, des conditions économiques et de tous ordres qui apparaissent dans tel ou tel pays; et telle solution qui doit être donnée ici n'est plus vraie ailleurs. C'est une question d'observation et d'expérience poiitique et sociale.

Il n'en est pas moins vrai que dans tous les pays modernes l'activité de l'Etat s'accroît chaque jour et s'étend à de nouveaux domaines. La preuve évidente en est l'augmentatiou constante des dépenses publiques. D'aucuns le regrettent. Regrets superflus : il y a là un phénomène plus fort que les hommes, qu'il faut constater et accepter tel qu'il est.

Le seul problème qui se pose à nous est celui des fonctions juridiques de l'Etat. C'est la question de savoir comment, au point de vue de leurs effets dans le monde juridique, se présentent les actes que doit accomplir l'Etat pour assurer la réalisation de ses fonctions économiques. La question

n'est plus de savoir quelles sont ces fonctions,
si l'Etat doit se borner à garantir la sécurité, la
tranquillité et la paix, et si en outre, par exemple,
il doit construire des chemins de fer et des tram-
ways, assurer le transport des lettres, les commu-
nications télégraphiques et téléphoniques, donner
l'assistance et l'enseignement, et bien d'autres
choses encore. La question est tout autre. Elle
est de savoir quels sont les actes que l'Etat doit
faire pour réaliser l'accomplissement de sa mission économique quelle qu'elle soit, et quel retentis-
sement ces actes ont dans le domaine du droit.
Cela est véritablement et exclusivement une question de droit.

II

Quelles sont donc les fonctions juridiques de
l'Etat ainsi comprises ?

Tout d'abord il est certain que l'Etat fait beaucoup d'actes qui n'ont aucun caractère juridique,
des actes qui sont accomplis par l'agent public
sans qu'il ait aucunement l'intention de donner
naissance à une règle juridique ou à une situation
de droit. Il y a une infinité d'actes publics qui ne
sont que de simples opérations matérielles. L'in-
génieur qui établit les devis et les plans d'un travail public, le mécanicien de chemin de fer qui
conduit un train, l'employé des postes qui trie ou
distribue des lettres, la demoiselle du téléphone
qui donne la communication font des actes qui,

à aucun point de vue, n'ont un caractère juridique.
Ce sont cependant autant d'actes qui tendent
à réaliser une activité de l'Etat.

L'observation, quelque simple qu'elle paraisse,
a son importance. Il faut observer en effet que bien
que l'opération matérielle n'ait aucun caractère
juridique, elle n'échappe pas à la prise du droit.
Seulement le droit intervient ici non pas pour déterminer les conditions auxquelles l'acte sera
valable, non pas pour ouvrir un recours tendant,
au cas d'illégalité, à l'annulation de cet acte.
C'est une simple opération matérielle; on ne peut
donc parler de validité et d'annulation de l'acte.
Ce qui est fait est fait. Lorsqu'un condamné a
été exécuté on peut annuler le jugement qui l'a
condamné; on ne peut pas annuler évidemment
l'exécution. Lorsqu'une arrestation illégale a
été commise, on peut mettre la victime en liberté,
on ne peut pas annuler l'arrestation. Lorsqu'un
mécanicien de chemin de fer a occasionné un
accident, on ne peut pas faire qu'il n'ait pas été.
Mais dans tous ces cas et d'autres semblables,
l'acte public, non juridique, la simple opération
matérielle peut donner ouverture à une action
en responsabilité dirigée, suivant les cas, contre
l'Etat ou contre l'agent public. C'est en ce sens,
et en ce sens seulement, que les actes publics non
matériels tombent sous la prise du droit.

Cela dit, je ne parlerai plus maintenant que des
actes publics d'ordre juridique.

III

Quels sont les divers actes d'ordre juridique faits par l'Etat? Pour répondre à cette question, il faut faire une distinction capitale qui est cependant encore méconnue par quelques auteurs. L'un des plus éminents publicistes français Carré de Malberg par exemple l'ignore complètement dans son beau livre *La théorie générale de l'Etat.* D'autres auteurs, après avoir fait la distinction, paraissent l'oublier et cela les entraîne à de regrettables confusions. Mon savant ami Hauriou n'y a point échappé.

La distinction que j'ai en vue est celle du point de vue formel et du point de vue matériel. Le principe est extrêmement simple; l'application est souvent délicate et il est cependant indispensable de la faire exactement; autrement on aboutit à une véritable incohérence.

Définir un acte public en se plaçant au point de vue formel, c'est le définir d'après l'organe duquel il émane. Définir un acte du point de vue matériel, c'est le définir d'après sa nature juridique interne, d'après ses effets dans le domaine du droit subjectif ou du droit objectif, quelque soit l'organe duquel émane l'acte.

Par exemple au point de vue formel la loi est tout acte émané de l'organe qui dans un pays donné a reçu de la constitution le caractère d'organe législatif. En Egypte l'organe législatif est complexe; il se compose du parlement qui com-

prend lui-même deux chambres et du roi. Tout
acte, quel que soit son caractère interne, quels que
soient ses effets juridiques, voté par les deux chambres et sanctionné par le roi, est un acte législatif,
une loi au point de vue formel. Supposez une
disposition d'ordre pénal s'appliquant à tous
les individus se trouvant sur le territoire égyptien, votée par les deux chambres, sanctionnée
par le roi, c'est une loi au point de vue formel.
Supposez une disposition qui accorde une dota-
tion ou une récompense nationale à un citoyen,
disposition votée par les deux chambres, promulguée et sanctionnée par le roi. Elle aussi est
une loi au point de vue formel. Cependant au
point de vue juridique interne, ces deux actes
sont absolument dissemblables, l'un est un acte-
règle, essentiellement objectif, l'autre est un acte
subjectif.

Prenons un autre exemple. La municipalité
d'Alexandrie, agissant je suppose dans la limite
de ses pouvoirs, fait un règlement de police; au
point de vue formel c'est un acte administratif
et cependant c'est un acte-règle, un acte objectif.
La même municipalité accorde une concession.
C'est un acte subjectif complètement différent
au point de vue juridique interne du premier.
Au point de vue formel ce sont des actes de même
nature, parce que l'un et l'autre émanent de l'autorité administrative.

La distinction des actes publics du point de vue
formel est extrêmement simple, puisqu'il s'agit

tout simplement de savoir s'ils émanent d'un organe auquel le législateur positif a attribué le caractère d'organe législatif ou celui d'organe administratif.

Il y a d'ailleurs un intérêt pratique très grand à distinguer ainsi les actes publics du point de vue formel. La détermination des recours recevables contre les différents actes de l'Etat dépend de l'organe dont ils émanent. Par exemple dans la plupart des pays et encore en France, aucun recours n'est recevable contre un acte législatif. Au contraire le recours général pour excès de pouvoir, qui est une protection si puissante de l'administré contre l'arbitraire administratif, est recevable contre les actes administratifs formels; il n'est pas recevable contre tous, mais il n'est recevable que contre les actes administratifs formels.

IV

Considérer et définir les actes de l'Etat au point de vue matériel, c'est se placer, ai-je dit, au point de vue du caractère juridique interne de ces actes en faisant abstraction complète des organes et des agents desquels ils émanent. Comment nous apparaissent au point de vue matériel les différents actes de l'Etat et en même temps ses fonctions du même point de vue ?

J'ai expliqué dans un de nos précédents entretiens que, à la suite de tout acte juridique, c'est-à-dire de toute manifestation de volonté se produisant avec l'intention qu'à sa suite naisse un effet de droit, apparaît ou bien une règle, ou bien une situation juridique objective, ou bien une situation juridique subjective. Chacune de ces expressions a été précédemment expliquée. Nous avons vu qu'il y avait ainsi des actes-règles, des actes-conditions, c'est-à-dire des actes qui conditionnent la naissance d'une situation objective et des actes subjectifs.

Cela dit, tous les actes émanés de l'Etat, qui contiennent une règle, ont du point de vue matériel le caractère législatif. Les actes législatifs se définissent ainsi au même point de vue : toutes les dispositions édictées par l'autorité publique et qui contiennent une règle de conduite; la fonction législative est la fonction qui consiste à édicter des dispositions par voie générale, quel que soit l'organe qui intervienne.

Les actes objectifs-conditions et les actes subjectifs sont, du point de vue matériel, des actes administratifs et cela encore quelle que soit l'autorité qui les fait. Qu'ils émanent du parlement, du gouvernement ou d'agents subordonnés, ils sont des actes administratifs du point de vue matériel et la fonction administrative consiste en l'accomplissement d'actes de cette nature.

Enfin une troisième catégorie d'actes présente un caractère complexe, ce sont les actes juridictionnels. La détermination de leur nature demande quelques développements et ce point sera étudié dans le prochain entretien.

Ainsi nous apparaissent du point de vue matériel trois fonctions de l'Etat : la fonction législative, la fonction administrative et la fonction juridictionnelle. Il n'y a pas d'autres fonctions de l'Etat en se plaçant au point de vue matériel, parce que dans le domaine du droit il ne peut y avoir, à la suite d'une manifestation de volonté, qu'une règle nouvelle ou une règle ancienne modifiée, qu'une situation objective ou une situation subjective nouvelle qui est créée, ou une situation ancienne qui est modifiée, sauf ce qui sera dit dans notre prochaine réunion à propos de la fonction juridictionnelle.

Cependant beaucoup d'auteurs parlent encore d'autres fonctions de l'Etat, notamment de la fonction exécutive, de la fonction gouvernementale. Je dois dire que j'ai trouvé un écho de cette théorie dans un livre très intéressant qu'a bien voulu m'envoyer son auteur M. White Ibrahim et dont je suis heureux de le féliciter. Il s'agit de son beau commentaire de la constitution égyptienne. Il paraît y opposer la fonction exécutive et la fonction législative et dans la fonction exécutive faire entrer, outre la fonction administrative, une prétendue fonction gouvernementale. En France plusieurs auteurs, notamment un professeur qui à un moment donné a eu une grande notoriété, M. Ducroq, ont soutenu une opinion semblable. Elle est à mon sens tout à fait inadmissible.

Que le gouvernement fasse une série d'actes, qu'on a coutume de qualifier d'actes exécutifs et qui forment l'objet d'une fonction appelée exécutive, cela est certain; mais il est facile en même temps de montrer que ces actes dits exécutifs sont tous, du point de vue juridique, ou des actes législatifs ou des actes administratifs ou de simples opérations matérielles.

Par exemple, pour assurer l'exécution des lois, le gouvernement fait des règlements complémentaires de la loi. Les règlements sont du point de vue matériel des actes législatifs. Le gouvernement nomme des fonctionnaires ou prend toute autre décision individuelle. Il fait alors des actes-conditions ou des actes subjectifs et exerce la fonction matérielle administrative. Enfin si, pour assurer l'exécution des lois, il ordonne des mesures de police, des actes d'exécution sur les personnes ou sur les biens, il fait procéder à des opérations matérielles qui n'ont aucun caractère juridique et qui rentrent elles aussi dans la fonction administrative au sens général du mot.

Ce que je viens de dire de la fonction exécutive est aussi vrai de la prétendue fonction gouvernementale. Certains auteurs se sont évertués à distinguer la fonction exécutive et la fonction gouvernementale. Cette dernière n'a pas plus de réalité que la première. Quels que soient les actes qu'on prétende y faire rentrer, ce sont tous ou des actes législatifs, ou des actes administratifs ou des opérations matérielles. On y a rattaché par exemple les actes diplomatiques; or ils n'ont aucun caractère juridique spécial. Les négociations diplo-

matiques sont de simples opérations matérielles.
Les déclarations d'ordre international comme les
déclarations de guerre, ou de neutralité, sont des
actes juridiques unilatéraux, qui conditionnent la
naissance de situations objectives de droit international, et qui ont les caractères communs à tous
les actes objectifs conditions. Les conventions diplomatiques, que l'on rattache aussi à la fonction
gouvernementale, sont des actes juridiques comme
tous les actes administratifs, actes-règles, s'il
s'agit d'une convention-loi, actes subjectifs s'il
s'agit d'une convention ou traité-contrat. La distinction entre les traités-lois et les traités-contrats
est aujourd'hui courante en droit international.

V

Je veux à la fin de cet entretien donner quelques
développements sur la fonction législative.

C'est la fonction qui consiste à faire la loi. Mais
qu'est-ce que la loi ? J'ai déjà dit que pour répondre
à la question, il faut se placer successivement au
point de vue formel et au point de vue matériel.
Au point de vue formel une loi est toute décision
émanant de l'organe législatif, tel qu'il est déterminé par la constitution du pays considéré. Au
point de vue matériel la loi est toute disposition
par voie générale quel que soit l'organe duquel
elle émane, parlement, gouvernement, autorité
administrative. Si la décision est une disposition
par voie générale, elle est toujours une loi. Mais

il ne faut pas conclure de cela que la loi au sens matériel a toujours la même force, la même autorité, qu'elle est toujours une décision souveraine. Si elle a au point de vue interne les mêmes caractères, au point de vue de son autorité, de sa force, il faut distinguer les organes qui l'ont édictée.

Par exemple, le règlement fait par une autorité municipale est au point de vue matériel une loi. Mais évidemment il n'a pas la même force, la même valeur que la loi votée par le parlement. Les règlements faits par le chef de l'Etat sont des lois; mais ils sont cependant subordonnés aux lois formelles votées par le parlement. Si nous négligeons les règlements émanés des autorités administratives inférieures, nous apercevons dans la plupart des pays modernes, et particulièrement en France et en Egypte, trois catégories de lois matérielles qui ont une autorité différente à raison des organes différents desquels elles dérivent. Ce sont : 1º les lois constitutionnelles rigides; 2º les lois ordinaires; 3º les règlements.

Les lois constitutionnelles rigides sont celles qui sont faites par un organe spécial auquel la constitution a donné ce caractère. Elles ne peuvent être abrogées ou modifiées par l'organe législatif ordinaire; elles ne peuvent être modifiées, abrogées qu'en la forme qu'elles-mêmes déterminent. Elles émanent d'un organe supérieur à l'organe législatif ordinaire.

C'est ainsi par exemple que votre loi constitutionnelle de 1923 ne peut être modifiée que dans

les conditions prévues et déterminées par l'article
57. Une loi ordinaire qui modifierait une disposition de votre constitution serait contraire au
droit et pourrait être exactement qualifiée de loi
illégale.

Remarquons qu'une loi constitutionnelle n'a
pas nécessairement pour objet l'organisation des
pouvoirs publics. Elle peut avoir un objet quelconque tout à fait étranger à l'organisation politique. Ce qui fait la loi constitutionnelle ce n'est
pas son objet, c'est la forme en laquelle elle est
édictée. Par exemple, la loi qui en Amérique interdit le transport, la vente et la consommation
de l'alcool et du vin ne touche en aucune façon
l'organisation politique; elle est cependant une
loi constitutionnelle, comme disent les Américains un amendement à la constitution et ne peut
être abrogée ou modifiée qu'en la forme prévue
pour la révision des lois constitutionnelles[1].

Aujourd'hui tous les pays pratiquent la distinction que je viens d'expliquer entre les lois
ordinaires et les lois constitutionnelles. Seule
l'Angleterre fait exception. Le parlement anglais
a un pouvoir sans limite. Toute décision prise
par lui est une loi; toutes ont le même caractère;
il n'y a pas de loi qu'il ne puisse faire; il n'y en a

---

1. Depuis que cette conférence a été faite, l'assemblée
nationale française a voté la loi du 10 août 1926 relative à
l'autonomie de la caisse de gestion des bons de la défense nationale et d'amortissement de la dette publique. Cette loi est
une loi constitutionnelle bien qu'elle ne touche en rien à l'organisation politique de la France.

pas qu'il ne puisse modifier ou abroger. On connaît le proverbe anglais : « Le parlement anglais peut tout faire, sauf changer un homme en femme ». Ainsi ce peuple anglais, qui a été incontestablement l'initiateur dans le monde de la liberté politique, ne s'est jamais élevé à la notion essentielle d'une limitation apportée au pouvoir législatif de l'Etat. Jamais il n'a compris ce principe formulé solennellement par l'Assemblée constituante française en 1791 qu'il y a certaines lois que le législateur ne peut pas faire.

VI

Quant aux lois ordinaires, ce sont celles qui émanent de l'organe qui d'après la constitution du pays exerce normalement la fonction législative. Il est inutile d'insister sur ce point. Je rappelle seulement qu'en Egypte, d'après la constitution, la loi ordinaire résulte d'un vote des deux chambres qui ont les mêmes pouvoirs et de la sanction du roi. Toute décision votée dans les mêmes termes par les deux chambres, sanctionnée et promulguée par le roi, est une loi. A l'inverse il n'y a de loi formelle que celle qui est votée par les deux chambres, sanctionnée et promulguée par le roi.

Cependant en Egypte et dans les pays qui pratiquent un système analogue, comme la France, il y a des dispositions par voie générale qui n'émanent pas du parlement, et qui sont édictées par le gouvernement seul sans aucune intervention des chambres. Ce sont ces dispositions qui dans la terminologie française s'appellent des règlements. On dit alors que le chef de l'Etat possède un pouvoir réglementaire. Mais l'existence de ces règlements et du pouvoir réglementaire soulève de graves et difficiles questions.

Dans les pays parlementaires qui admettent le principe de la séparation des pouvoirs, comme l'Egypte et la France, le gouvernement peut cependant édicter sous le nom de règlements des dispositions par voie générale qui sont des lois au sens matériel, et cela bien que d'après la constitution elle-même au parlement seul appartienne la fonction législative. Dès lors voici les trois questions qui se posent : 1° Comment peut-il y avoir des règlements dans un pays qui pratique le régime parlementaire et la séparation des pouvoirs ? 2° S'il y a des règlements, sur quelles matières et en quels cas peuvent-ils être faits ? 3° Ces règlements sont-ils susceptibles d'être attaqués par un recours contentieux ?

1° Que dans les pays parlementaires il y ait des règlements du chef de l'Etat, ce n'est pas douteux. Je dirai même qu'il faut qu'il y en ait, qu'il ne peut pas ne pas y en avoir, parce qu'il est matériellement impossible que le parlement vote lui-même toutes les dispositions par voie générale qui sont nécessaires pour assurer la vie administrative et économique du pays. Dans les pays où l'on a voulu appliquer rigoureusement le principe de la séparation des pouvoirs, on a été obligé d'y porter atteinte et de reconnaître, sous l'action des nécessités pratiques, au gouvernement le droit d'édicter des lois matérielles, c'est-à-dire des règlements. L'Angleterre et les Etats-Unis de l'Amérique du Nord ont été obligés d'y arriver et pendant la guerre notamment ces deux pays ont reconnu au pouvoir exécutif une compétence réglementaire, notablement plus grande que celle qui lui était attribuée en France.

2° Sur quelles matières et en quel cas le chef de l'Etat peut-il faire des règlements? Dans tous les pays on reconnaît au chef de l'Etat compétence pour faire des règlements complémentaires des lois, règlements qui fixent les détails de la loi, étant entendu que le gouvernement non seulement ne peut pas modifier expressément la loi, mais encore ne peut établir aucun principe nouveau et doit se borner à mettre en œuvre les règles générales inscrites dans la loi.

La question délicate n'est pas là. Elle est celle de savoir s'il n'y a pas des cas où, même dans un régime parlementaire de séparation des pouvoirs, le chef de l'Etat peut faire des règlements autonomes, c'est-à-dire des règlements qui ne se rattachent à aucune loi dont ils viendraient assurer l'application, des règlements se suffisant à eux-mêmes.

En France la question est toujours très discutée. Cependant on peut dire que dans l'état actuel du droit français, le chef de l'Etat peut édicter des règlements autonomes dans trois cas : 1° Lorsqu'il reçoit délégation expresse à cet effet du parlement; 2° Pour édicter des règles relatives à l'organisation et au fonctionnement d'un service public; 3° Pour prendre des mesures générales de police s'appliquant à tout le territoire.

En droit français nous n'admettons pas les règlements dits de nécessité, c'est-à-dire des règlements qui seraient faits par le gouvernement sur des matières législatives en raison de l'urgence et des conditions spéciales dans lesquelles se trouverait le pays.

J'estime qu'en droit égyptien le gouvernement peut comme le gouvernement français faire des règlements sur délégation législative et en outre des règlements organisant des services publics ou édictant des mesures de police. Mais faut-il aller plus loin et le gouvernement égyptien pourrait-il promulguer des règlements de nécessité au sens que je viens de préciser ?

La question paraît être nettement résolue par l'article 41 de votre constitution. Il y est dit : « Si dans l'intervalle des sessions du parlement il est nécessaire de prendre d'urgence des mesures qui ne peuvent souffrir de retard, le roi rend des décrets ayant force de loi pourvu qu'ils ne soient pas contraires à la constitution. Le parlement devra être immédiatement convoqué en session extraordinaire et ces décrets doivent lui être soumis à sa première réunion. Si ces décrets ne sont pas soumis au parlement, ou s'ils sont rejetés par l'une ou l'autre des deux chambres, ils cesseront d'avoir force de loi. »

Ainsi votre constitution donne, sous certaines conditions, au roi le pouvoir de faire des règlements d'ordre législatif. Mais c'est un pouvoir exceptionnel qu'il ne peut exercer que dans les conditions strictement déterminées par la constitution. Les termes de la constitution doivent être rigousement interprétés et appliqués *stricto sensu*. C'est ainsi que la condition indispensable est d'abord qu'on se trouve dans l'intervalle du parlement, c'est-à-dire entre deux sessions parlementaires. Il faut en outre que le parlement soit immédiatement convoqué. Ce qui implique que, si le parlement ne pouvait pas l'être, le roi ne pourrait pas user de son pouvoir réglementaire exceptionnel. La conséquence logique en est qu'il ne peut pas exercer ce pouvoir au cas de dissolution de la chambre des députés. Le parlement ne pourrait pas en effet être immédiatement convoqué.

La seconde condition est l'extrême urgence. Le gouvernement appréciera si cette condition existe et cela sous le contrôle du parlement qui, saisi du règlement, l'approuvera ou refusera de l'approuver.

Enfin le parlement doit être immédiatement convoqué. La constitution ne fixe pas de délai. Le parlement lui-même appréciera si la règle constitutionnelle a été respectée. Si le parlement n'est pas convoqué immédiatement, ou si étant convoqué les deux chambres ou l'une d'elles n'approuvent pas le règlement, celui-ci devient par là-même caduc et sans valeur.

Ainsi réduit le pouvoir réglementaire de nécessité ne présente pas de danger. Cependant un incident quelconque est susceptible d'inciter le gouvernement à user d'un pareil pouvoir dans des circonstances qui ne seraient pas de nature à le justifier, et il en peut résulter des inconvénients, d'ailleurs d'ordre purement politique. Il appartient à la sagesse des hommes politiques d'éviter qu'il en soit ainsi.

3° Quant à la troisième question, celle de savoir si les règlements faits par le chef d'Etat sont susceptibles d'être attaqués par un recours contentieux, elle se rattache au système général des voies de droit institué dans chaque pays pour garantir le principe de légalité. Nous l'étudierons dans la quinzième et dernière leçon.

16 février 1920.

La fonction administrative
et la fonction juridictionnelle.

Messieurs,

Dans notre précédent entretien nous avons montré que toutes les fonctions de l'Etat se ramènent à trois : la fonction législative, la fonction administrative et la fonction juridictionnelle, et nous avons montré aussi comment il fallait distinguer le point de vue matériel et le point de vue formel, quelle était l'importance extrême de cette distinction. Il faut la faire non seulement pour la fonction législative, mais aussi pour les deux dernières fonctions de l'Etat qu'il nous reste à étudier.

I

Du point de vue formel la fonction administrative est l'ensemble des actes émanant de l'autorité administrative. Tout acte fait par l'autorité ad-

ministrative, quel que soit son caractère juridique
interne, est un acte administratif formel.

De l'autorité administrative il ne faut point
donner une définition savante; il faut dire tout
simplement que l'autorité administrative comprend
l'ensemble de tous les agents publics autres que
ceux qui constituent les organes auxquels la législation du pays considéré attribue le caractère
d'organes politiques ou celui d'organes judiciaires.

Du point de vue matériel la fonction administrative comprend l'ensemble des actes qui ont
le caractère matériel administratif. Quels sont
ces actes? Je crois qu'il faut répondre que ce sont
tous les actes faits par des agents publics pour le
compte de l'Etat ou d'une autre collectivité publique et qui sont ou des actes-conditions ou des
actes subjectifs. Ces divers actes sont des actes
administratifs au point de vue matériel, quels que
soient les organes ou les agents par lesquels ils
sont faits. Le parlement lui-même peut faire
et fait des actes administratifs. Il en est de
même du gouvernement et de l'autorité judiciaire.

J'ai défini dans une des précédentes réunions
les caractères des actes-conditions. Ce sont ceux,
ai-je dit, à la suite desquels se forme une situation
objective ou légale, c'est-à-dire une situation
juridique générale et permanente. Les actes de ce
genre, faits par des agents publics pour le compte
de l'Etat, sont extrêmement nombreux. Il suffit
de citer ici les nominations et les révocations de

fonctionnaires, les permissions données sur le domaine public, les autorisations de divers ordres.

Quant aux actes subjectifs, ce sont ceux à la suite desquels naît une situation juridique, que nous appelons subjective, parce qu'elle est spéciale, n'atteint qu'un certain nombre de personnes individuellement déterminées et qu'elle est aussi temporaire. Les contrats faits par des particuliers donnent naissance à des situations de ce genre. Il en est de même des contrats faits au nom de l'Etat ou de toute autre collectivité publique. Sont encore actes subjectifs certains actes unilatéraux, comme les injonctions de police, par exemple l'injonction de démolir un mur en bordure de la voie publique et menaçant ruine, l'injonction d'évacuer des habitations insalubres.

Tous les actes faits par un agent ou un organe public quelconque, qui rentrent dans ces deux catégories d'actes, sont des actes administratifs matériels. Ils sont faits le plus souvent par l'autorité administrative; mais beaucoup sont faits par le parlement ou le gouvernement et même par l'autorité judiciaire. Par exemple les actes par lesquels l'autorité judiciaire autorise un incapable, homologue un partage, déclare une faillite. A l'inverse beaucoup d'actes sont faits par l'autorité administrative qui n'ont pas au point de vue matériel le caractère administratif, par exemple les règlements de police émanés de l'autorité municipale, qui au point de vue formel sont des actes administratifs, et qui au point de vue matériel sont des actes législatifs, puisqu'ils contiennent des dispositions par voie générale.

II

La troisième et dernière fonction de l'Etat est la fonction juridictionnelle. Ici les difficultés se sont accumulées et cela pour deux raisons, une raison de terminologie et une raison de méthode.

D'abord la raison de terminologie : on a employé sans faire de distinction les mots *juridictionnel* et *judiciaire*, et ainsi on est arrivé à une complète confusion parce qu'on employait des mots différents pour désigner une même chose. Le mot *judiciaire* doit être exclusivement employé au point de vue formel et réservé pour désigner une certaine autorité publique à laquelle le droit d'un pays attribue des caractères déterminés et qu'on est convenu d'appeler de ce nom. Le mot *juridictionnel* doit être pris exclusivement au point de vue matériel pour désigner des actes qui ont un caractère interne particulier que nous allons déterminer. Ces actes sont le plus souvent faits par l'autorité judiciaire; mais ils peuvent être faits par une autre et en France notamment beaucoup d'actes juridictionnels émanent de l'autorité administrative. Du point de vue formel ce sont des actes administratifs; du point de vue matériel, des actes juridictionnels. Ce ne sont à aucun point de vue des actes judiciaires.

La raison de méthode, pour laquelle on a encore

ici accumulé inutilement les difficultés, consiste
dans l'erreur qui a été commise de confondre le
point de vue matériel et le point de vue formel
et de déterminer le caractère de l'acte sans procéder à une analyse approfondie des diverses
opérations qui le constituent. Souvent on a dit
que l'acte était juridictionnel tout simplement
parce qu'il émanait de l'autorité judiciaire, quand
une analyse attentive aurait montré qu'il n'avait
rien de juridictionnel et qu'en réalité il était un
acte administratif.

Quel est donc le critérium matériel auquel nous
reconnaîtrons l'acte juridictionnel quelle que soit
l'autorité de laquelle il émane?

III

A mon avis il y a trois éléments qui constituent
le caractère juridictionnel d'un acte : 1° Une question de droit qui est posée à l'autorité publique;
2° Une solution donnée à cette question de droit;
3° Une décision qui est la conséquence logiquement
nécessaire de la réponse donnée à la question
de droit. Ou plus brièvement : 1° La prétention;
2° La solution; 3° La décision. Reprenons chacun
de ces éléments.

Pour qu'il y ait un acte juridictionnel il faut
qu'il y ait une question de droit posée à l'autorité;
il faut que celle-ci intervienne pour résoudre une
question de droit. Il est vrai qu'en disant cela nous
nous heurtons tout de suite à l'objection suivante.

Duguit   12

Il arrive très fréquemment, dit-on, qu'il y a procès et jugement, c'est-à-dire acte juridictionnel, bien que l'autorité ne soit saisie que d'une question de fait, par exemple toutes les fois qu'il s'agit de statuer sur une question d'infraction pénale ou de délit civil.

L'objection ne porte pas. Il est d'évidence que presque toujours, pour résoudre une question de droit, le juge doit auparavant résoudre une question de fait. Pour dire quel est le droit, il faut dire avant quel est le fait. Mais le juge est saisi uniquement pour dire le droit, et il n'est amené à dire le fait que pour pouvoir donner la solution de droit. Au cas de juridiction répressive, par exemple, le juge doit résoudre la question de culpabilité. Il doit répondre à cette question : un tel est-il coupable, par exemple, d'avoir donné volontairement la mort à autrui ? Il doit dire si le meurtre a été accompli et en cela il résout une question de fait, mais uniquement pour résoudre une question de droit, celle de la culpabilité qui est exclusivement une question de droit. Il en est de même au cas d'un procès en responsabilité civile. Le juge doit déterminer la manière dont les faits se sont passés, mais uniquement pour pouvoir résoudre la question de responsabilité civile, qui est exclusivement une question de droit.

La proposition que je viens de formuler se heurte à une autre objection. Il arrive souvent, a-t-on dit, que l'autorité publique doit résoudre une question de droit, en tirer une conséquence logique, bien que cependant elle ne fasse certainement pas un acte juridictionnel. Par exemple un ministre veut procéder à la nomination d'un fonctionnaire; il doit au préalable résoudre la question de savoir si celui qu'il veut nommer réunit les conditions d'âge et de capacité exigées par la loi et cela est bien une question de droit; cependant incontestablement le ministre ne fait pas un acte juridictionnel. Ou encore le fonctionnaire compétent rend exécutoire un rôle de contribution directe; il doit au préalable vérifier s'il est établi conformément à la loi; il résout par là une question de droit sans faire cependant acte de juridiction.

L'objection ne doit pas nous arrêter. Dans ces hypothèses et toutes autres semblables l'autorité administrative résout assurément une question de droit, mais elle ne fait pas un acte de juridiction parce qu'elle n'intervient pas pour résoudre cette question. Elle intervient pour faire un acte purement administratif, nommer un fonctionnaire, faire naître une créance d'impôt. Elle doit au préalable s'assurer qu'elle agit conformément à la loi; mais elle n'intervient pas pour dire dans ce cas quel est le droit. Si l'on pouvait voir un acte de juridiction en pareille hypothèse, il faudrait dire que tous les actes de l'autorité administrative ont ce caractère, parce que, avant d'agir, l'autorité administrative doit toujours s'assurer qu'elle va intervenir conformément au droit.

Ainsi donc pour qu'il y ait acte de juridiction il faut que l'autorité publique intervienne exclu-

sivement pour résoudre une question de droit.
Mais reste un point de la plus haute importance.
Qui peut ainsi saisir le juge d'une question de
droit? Saisir le juge c'est, d'après la terminologie
ordinaire, exercer une action. A qui appartient
l'action?

Pendant longtemps les juristes français ont
donné de l'action une définition qui à la vérité
n'avait pas de sens. Il faut rendre justice aux
juristes allemands et surtout aux juristes italiens
qui ont déterminé d'une manière précise le véritable caractère de l'action. On disait en France
que l'action est le droit déduit en justice. On ne
réfléchissait pas que l'action n'est pas cela puisqu'elle pose au juge précisément la question de
savoir si le demandeur a un droit. Et d'autre part,
il est incontestable que dans beaucoup de cas
le demandeur n'invoque pas un droit. Il suffit
de citer l'exemple des actions possessoires.

La vérité c'est que l'action est tout à fait distincte du droit, que l'on peut dire qu'elle est elle-
même un droit, mais différent de celui que le juge
est appelé à apprécier. L'action c'est la possibilité
reconnue à quiconque, qu'il prétende ou non
à un droit, de saisir l'autorité compétente d'une
question de droit et de lui en demander la solution.
Mais pour pouvoir agir ainsi, pour avoir la possibilité de saisir l'autorité compétente d'une question
de droit, il faut avoir un intérêt à ce que cette
question de droit reçoive une solution. L'action
appartient ainsi à toute personne ayant un intérêt

à faire résoudre une question de droit par l'autorité compétente.

Lorsque, par exemple, un passant est renversé par une auto, est-ce que par le fait même de l'accident il est devenu créancier de la réparation ? Evidemment non. Si par exemple l'auteur du dommage est déclaré en faillite, le passant victime de l'accident ne peut point y produire. Si l'action était la mise en œuvre d'un droit préexistant, la victime de l'accident n'ayant pas encore de droit de créance ne pourrait point agir; si elle le peut c'est qu'elle a intérêt à faire résoudre la question de la responsabilité qui est essentiellement une question de droit. Si elle le peut, c'est que le droit objectif reconnaît à quiconque, y ayant intérêt, la possibilité de saisir l'autorité publique pour qu'elle donne solution à la question de droit. En matière criminelle, lorsque le ministère public met en mouvement l'action publique, on dit qu'il exerce le droit de la société qui accuse. C'est une simple formule métaphorique qui ne répond point à la vérité. Le droit objectif interdit de commettre certains actes qualifiés infractions. La société a évidemment intérêt à ce que ceux qui les commettent soient condamnés, et le ministère publie chargé de protéger l'intérêt social a compétence pour poser aux juges la question de responsabilité pénale. On dit qu'il met en mouvement l'action publique; il saisit tout simplement le juge d'une question de droit, tout comme celui qui se prétend victime d'un préjudice.

Les Italiens ont un mot commode et précis pour désigner cette possibilité reconnue par le droit objectif à quiconque y a intérêt de demander au juge de résoudre la question de droit, solution qui implique la réalisation de l'intérêt, c'est le mot *pretesa*, la prétention, qu'il ne faut pas confondre avec le droit subjectif. Les Allemands ont un mot qui exprime exactement la même idée, c'est le mot *Anspruch*. En français malheureusement nous n'avons pas de mot correspondant. Contentons-nous de dire l'*action*, mais en comprenant bien que l'action n'est pas le droit ; en comprenant que dans la doctrine que j'expose il n'y a pas de droit subjectif, que l'action elle-même n'est point un droit subjectif, qu'elle est tout simplement la possibilité pour les personnes ayant un intérêt de saisir le juge conformément au droit objectif et que la possibilité d'agir dans les limites du droit objectif ne constitue point l'exercice d'un droit [1].

IV

Le juge saisi d'une question de droit ne peut pas refuser, pour une raison quelconque, de lui donner une solution. S'il le faisait il commettrait ce qu'on appelle un déni de justice, infraction qui est prévue et punie par toutes les législations. Le juge est en effet chargé, suivant la vieille for-

---

1. Cf. Helwigg, *Anspruch und klagsrecht*, 1900 ; Chiovenda, *Principi de diritto processuale*, 1912 ; Mortara, *Commentario del leggi di procedura civile*, 1905.

mule, d'assurer la paix par la justice. S'il refusait
de résoudre la question de droit qui lui est posée,
il manquerait directement à la mission sociale qui
lui incombe; il cesserait d'être le protecteur de
la paix pour devenir un agent de division et de
guerre. Il doit donc donner la solution à la question
qui lui est posée. Mais son rôle s'arrête-t-il là ?
Non certes à mon avis.

Cependant quelques auteurs prétendent que le
rôle du juge se borne à donner une solution à la
question qui lui est posée. M. Jèze notamment
a longuement soutenu cette thèse. Il s'est attaché
à démontrer que ce qui caractérise l'acte juridictionnel c'est d'être une solution à une question
de droit, mais une solution qui a l'autorité de la
chose jugée, c'est-à-dire le caractère de force
de vérité légale, d'une vérité contre laquelle personne ne peut aller, d'une vérité qui s'impose à la fois
aux particuliers et aux pouvoirs publics. Il ajoute
que toutes les fois qu'une décision de justice intervient en matière civile ou en matière pénale,
il faut que des garanties soient prises pour que
cette décision soit conforme à la vérité juridique.
Mais du moment que ces garanties sont réalisées,
que toutes les conditions exigées par la loi sont
remplies, la décision du juge a une vérité légale
qui s'impose à tous[1].

Je ne conteste pas qu'il en soit ainsi; mais
j'estime que si le rôle du juge s'arrêtait là, il ne

----

1. Jèze, *Revue de droit public*, 1909, p. 666 et suiv.

servirait de rien. N'oublions pas que l'action tend à permettre au demandeur d'obtenir la réalisation d'un certain intérêt légitime. Or la simple solution donnée à la question de droit n'atteindrait point ce résultat. Dire que le rôle du juge se borne à donner une solution à une question de droit, c'est tout simplement nier la fonction juridictionnelle, puisque celle-ci a pour objet la protection des intérêts légitimes. Pour que cette fonction existe vraiment il faut que le juge prenne une décision tendant à garantir l'intérêt qui est le support de l'action, il faut une décision qui assure la réalisation du but auquel correspond l'action.

Mais ce qui fait le propre de l'acte juridictionnel, c'est que le juge n'est pas libre de prendre telle ou telle décision. Le juge est lié par la logique. Il faut que la décision qu'il prend soit la conséquence logiquement nécessaire de la solution qu'il a donnée à la question de droit.

C'est ce qui a fait dire à certains auteurs et notamment au grand jurisconsulte allemand Laband que l'acte du juge s'analyse toujours en un syllogisme, dans lequel la règle générale de droit est la majeure, la solution donnée à la question posée la mineure, et la décision la conclusion [1]. Il est facile de le montrer en prenant quelques exemples. Et d'abord un exemple tiré de la juridiction criminelle dans les pays qui ont l'institution du jury.

---

1. Laband, *Droit pulic*, édit. française, 1901, II, p. 514.

On sait que la juridiction est alors partagée entre le jury lui-même et le juge professionnel qui, en Angleterre, est un juge unique, en France une cour se composant de trois magistrats. Le juge pose au jury la question de culpabilité : un tel est-il coupable, par exemple, d'avoir donné volontairement la mort à autrui. Par hypothèse le jury répond oui. Voilà la solution à la question de droit. Voici maintenant la décision prise par le juge, qui devra faire le raisonnement syllogistique suivant et qui sera impérieusement lié par lui : la loi décide que tout individu reconnu coupable d'avoir donné volontairement la mort à autrui doit être condamné à la peine de mort, c'est la règle, c'est la majeure du syllogisme; X... est reconnu coupable d'avoir donné volontairement la mort à autrui, c'est la solution à la question de droit posée, c'est la mineure du syllogisme; en conséquence, X... est condamné à la peine de mort, c'est la décision et la conclusion dans le syllogisme qui lie impérieusement le juge. C'est précisément cette indivisibilité rigoureusement logique entre la solution donnée à la question de droit et la décision qui doit être prise, qui constitue le caractère propre de l'acte juridictionnel.

Le même caractère apparaît aussi très nettement dans les procès civils. Je suppose que Primus se prétende créancier de Secundus pour lui avoir vendu un cheval par exemple. Le juge devra résoudre la question de savoir si Primus est créancier de Secundus. La décision qu'il rendra, c'est-à-dire la condamnation, sera la conséquence du raisonnement syllogistique suivant : la majeure, toute personne qui a fait une vente est créancière du prix, c'est la loi; la mineure, Primus a vendu un cheval à Secundus et il est par suite créancier du prix; c'est la solution à la question de droit; la conclusion, Secundus est condamné à payer à Primus le prix de vente, c'est la décision. La solution et la décision sont ainsi absolument inséparables. La solution serait sans effet si elle n'était pas accompagnée d'une décision; la décision manquerait de fondement si elle ne se rattachait pas logiquement à la solution intervenue.

Le caractère de la décision variera suivant la nature de l'action et ici je ne puis entrer dans les détails; cela m'entraînerait trop loin. Je me borne à faire observer qu'en matière répressive par exemple la décision sera une condamnation à une peine ou un acquittement; qu'en matière civile la décision sera le plus habituellement une condamnation pécuniaire; qu'elle pourra être aussi l'annulation d'un acte ou la reconnaissance d'un état, par exemple en matière de question d'état, la reconnaissance de l'état d'enfant légitime, d'enfant naturel, de national d'un pays, de gens mariés. La décision s'analysera ainsi, tantôt en un acte objectif condition, notamment en matière pénale ou en matière de questions d'état, tantôt en un acte juridique subjectif, lorsque par exemple il y a une condamnation pécuniaire.

V

Une dernière question reste à examiner, celle qui est connue sous le nom de question de l'autorité de la chose jugée. Je ne puis que donner le principe de la solution sans entrer dans les détails.

Que la décision du juge ait suivant la formule de Jèze force de vérité légale, la chose est certaine et ne souffre aucune difficulté. C'est précisément l'autorité de la chose jugée. Mais où la question apparaît, c'est lorsqu'on se demande si cette autorité de la chose jugée est opposable à tout le monde, même aux parties qui n'étaient pas en cause et qui par conséquent n'ont pu contester la prétention du demandeur et n'ont pu intervenir pour éclairer le juge. Il est de tradition de répondre que l'autorité de la chose jugée est simplement relative, qu'elle ne s'oppose qu'aux parties en cause. C'est le principe formulé à l'article 1351 du code Napoléon et aussi aux articles 297 de votre code civil mixte et 232 de votre code civil indigène.

Mais quand on a voulu faire l'application de ce principe on s'est aperçu qu'il se heurtait à de très graves difficultés. Quelques jurisconsultes et particulièrement les civilistes traditionalistes ont voulu l'appliquer rigoureusement dans tous les cas et ils ont abouti à des conséquences tout simplement absurdes. Ils ont prétendu par exemple que rien ne s'oppose à ce que, un premier jugement ayant décidé entre Primus et Secundus que Primus

était le fils légitime de Secundus, un second jugement vienne ultérieurement décider que Primus
est le fils légitime de Tertius, lequel n'était pas
partie au premier procès. C'est absurde; il n'y
a pas d'autre mot; mais pour certains juristes,
peu importe l'absurdité si un prétendu principe
juridique est respecté. On a soutenu de même que
Primus peut être déclaré l'époux légitime de
Prima et par un second jugement l'époux légitime
de Secunda, quand celle-ci n'était pas partie au
premier jugement qui alors ne lui est pas opposable.

Des controverses sans fin se sont élevées à ce
sujet. Il eut été bien facile de les écarter si l'on
avait analysé le caractère variable des décisions
de justice et si l'on avait fait la distinction, que
j'indiquais plus haut, entre les décisions de justice
qui sont des actes juridiques subjectifs, et celles
qui sont des actes juridiques objectifs. Quand les
rédacteurs des codes ont formulé le principe de
l'autorité relative de la chose jugée, ils n'ont eu
en vue que les actes de juridiction subjective,
c'est-à-dire les décisions constituant des actes
juridiques subjectifs, qui ceux-là par nature même
ne sont naturellement opposables qu'aux personnes
qui ont été parties à la décision. C'est la conséquence de la définition, qui a été donnée précédemment, des actes subjectifs et de la situation
juridique subjective qui en dérive.

Mais s'il s'agit au contraire de la juridiction
objective et d'une décision constituant un acte

juridique objectif, conditionnant la naissance d'une situation objective, la relativité de la chose jugée ne se conçoit plus, n'a plus de raison d'être. A la suite de l'acte objectif-condition naît une situation juridique objective, qui par définition, on l'a montré dans une des précédentes leçons, est une situation générale et permanente et par conséquent opposable à tout le. monde. Dès lors, la décision de justice présentant .ce caractère sera elle aussi opposable *erga omnes* et il ne peut en être différemment. Prétendre le contraire, c'est prétendre une chose absurde.

Par exemple la condamnation prononcée en matière pénale a une portée générale; elle conditionne la naissance d'un certain état qui devient celui du condamné, et cette situation de caractère objectif existe *erga omnes* et s'impose même aux tribunaux civils qui seraient saisis d'une question connexe. De même toutes les décisions de justice rendues en matière de question d'état ont une portée générale et la reconnaissance juridictionnelle de l'état d'une personne est opposable à tous. Nul ne peut invoquer la relativité de la chose jugée qui n'a rien à faire ici.

Il en sera de même enfin des décisions d'un tribunal compétent à cet effet, comme le Conseil d'Etat en France, prononçant l'annulation d'un règlement ou de tout autre acte administratif objectif. L'acte cesse par là même d'exister, il est comme s'il n'avait jamais été fait et nul ne peut l'invoquer parce qu'il est impossible qu'un règlement, c'est-à-dire une disposition qui est de nature par voie générale, existe pour certaines personnes et n'existe pas pour certaines autres.

Nous avons ainsi étudié, en nous plaçant rigoureusement au point de vue matériel, les diverses fonctions de l'Etat et analysé les actes juridiques qui s'y rattachent; nous sommes amenés tout naturellement à étudier les organes de l'Etat qui sont chargés d'assurer l'accomplissement de ces diverses fonctions; ce sera l'objet des leçons qui vont suivre.

18 février 1926.

ONZIÈME LEÇON

Les organes de l'État
et la séparation des pouvoirs.

Messieurs,

Par organes de l'Etat nous entendons désigner les personnes qui, agissant individuellement ou constituées en collège, accomplissent les diverses fonctions juridiques de l'Etat. En employant ce mot organe nous ne voulons point prendre partie sur la théorie organique de l'Etat, non plus sur la théorie sociologico-organique que sur la théorie juridico-organique.

Une certaine doctrine sociologique enseigne que les sociétés doivent être considérées comme des être vivants, ayant comme eux de véritables organes et que les phénomènes sociologiques sont du même ordre que les phénomènes biologiques. C'est à mon sens [une conception erronée; en parlant d'organes de l'Etat, je n'ai aucunement en vue une pareille conception [1].

---

1. Cf. ce qui a été dit à la leçon d'ouverture.

En Allemagne, à la suite de Gierke, des juristes éminents, notamment le professeur Jellineck, ont enseigné la théorie juridique de l'organe, aux termes de laquelle les individus ayant ce caractère ne doivent point être considérés comme les mandataires de la collectivité, mais comme exprimant directement sa volonté, de même que chez l'individu humain les organes expriment directement la volonté individuelle, de telle sorte qu'il ne naît aucun rapport de droit entre une collectivité et les individus qui agissent pour elle. Théorie ingénieuse qui mériterait un examen approfondi et dans le détail de laquelle je ne peux pas cependant entrer. Je me borne encore à dire que, repoussant la conception même de personne collective, je ne puis admettre l'existence d'organes d'une personne collective qui n'existe pas[1].

Si j'emploie le mot organe de l'Etat c'est que c'est encore lui qui prête le moins à la confusion, et notamment c'est pour écarter le mot pouvoir dont en droit public on fait un emploi abusif, ce qui conduit à l'erreur pour ne pas dire à l'incohérence.

---

1. Sur la théorie juridique de l'organe, cf. Gierke, *Genossenschaftstheorie* 1887, p. 603 et s., Jellinek, *Allgemeine Staatslehre*, 2ᵉ édit. 1905, p. 494 et s., Michoud, *Théorie de la personnalité morale*, 1ʳᵉ partie, 1906, p. 171 et s. — Pour l'exposé et la critique détaillés de cette théorie, cf. Duguit, *Les gouvernants et les agents*, 1903, p. 26 et s.

I

Le mot pouvoir, dis-je, est constamment employé soit dans les cours, soit dans les livres, et on l'emploie dans trois sens différents. En parlant de pouvoir on a parfois en vue les divers éléments constitutifs de la souveraineté, ces éléments se trouvant incorporés dans tel ou tel organe et ces éléments constituant par leur réunion la souveraineté de l'Etat. C'est ainsi qu'en France en 1789 on parlait du pouvoir législatif incorporé dans le corps législatif et du pouvoir exécutif incorporé en la personne du roi. Et c'est en ce sens qu'on employait le mot pouvoir quand on parlait de la séparation des pouvoirs, quand on echerchait si elle se conciliait avec le principe de la souveraineté indivisible.

C'est en ce seul sens que l'on devrait employer le mot pouvoir; et cependant on se sert du mot constamment dans deux autres acceptions. C'est ainsi qu'on dit : le corps législatif est un pouvoir de l'Etat, le gouvernement est un autre pouvoir de l'Etat, et on parle des attributions appartenant au pouvoir législatif et au pouvoir exécutif. Par le mot pouvoir on désigne alors des organes de l'Etat.

Et enfin, parfois, le pouvoir est considéré comme une fonction. C'est ainsi qu'on parle des pouvoirs appartenant au corps législatif, au chef de l'Etat. Il s'agit alors des fonctions appartenant à chacun de ces organes. Voilà dès lors un troisième sens, différent des deux autres, dans lequel on emploie le mot pouvoir.

C'est pour éviter les inévitables confusions qui en résultent que je me sers du mot organe. Cependant il faut encore, même en se servant du mot organe, faire une précision et distinguer entre les organes qui ont le caractère représentatif et ceux qui ne l'ont pas. Ces derniers peuvent recevoir le nom d'agents publics.

Les organes qui ont le caractère représentatif se distinguent très nettement des organes qui ne l'ont pas ou agents : les premiers sont ceux qui sont considérés comme exprimant la volonté même de l'Etat, les autres n'expriment pas cette volonté, mais agissent au nom de l'Etat. Le parlement est un organe représentatif. Dans beaucoup de pays il en est de même du gouvernement : l'un et l'autre expriment constitutionnellement la volonté de l'Etat. Au contraire les fonctionnaires administratifs comme vos *moudirs*, comme nos préfets, n'ont pas le caractère de représentants; ils sont des organes non représentatifs, ou de simples agents.

La conséquence pratique de cette distinction, c'est que les organes de représentation étant censés exprimer la volonté souveraine de l'Etat, leurs décisions ne sont pas susceptibles d'être attaquées par un recours juridictionnel. Au contraire, les agents n'ayant pas le caractère de représentants, ne pouvant agir que conformément à la volonté ouveraine de l'Etat, leurs décisions sont susceptibles d'être attaquées devant les tribunaux et doivent être annulées si elles sont contraires à la loi.

La distinction que je viens de faire entre les organes représentatifs et les organes non représentatifs ou agents dans la théorie métaphysique de l'Etat est vraie aussi dans la théorie réaliste. Sans doute nous disons qu'il n'y a pas de souveraineté de l'Etat; mais nous ajoutons : il y a dans tout pays des éléments de force gouvernante qui doivent être politiquement organisés, par exemple dans les pays modernes, la majorité numérique du corps des citoyens. Les organes en lesquels se réalise cet élément de puissance gouvernante peuvent recevoir le nom d'organes de représentation, et les décisions prises par ces organes échappent aux recours juridictionnels précisément parce qu'ils expriment et réalisent la force politique prépondérante existant dans un pays donné.

Des exemples tirés de l'Angleterre et de la France vont éclaircir ce que ces propositions ont d'un peu abstrait.

II

En Angleterre, il y a un siècle environ, trois forces gouvernantes apparaissaient très nettement. D'abord et au premier plan l'élément monarchique, la croyance dans la masse des consciences britanniques que l'unité et l'avenir politique du pays ne pouvaient être assurés que si sa puissance était personnifiée en un monarque héréditaire. Une aristocratie puissante exerçait son action à la chambre des Lords et aussi dans le pays par l'influence qu'elle avait sur les élections à la chambre des Communes. Il y avait enfin un troisième élément politique d'ordre démocratique, qui s'affirmait chaque jour davantage, qui préparait l'avènement du suffrage universel, consacré enfin par la réforme électorale de 1918.

Chacun de ces éléments devait s'organiser spontanément en un corps chargé de réaliser et d'assurer son action. Le roi incarnait l'élément monarchique. L'élément aristocratique trouvait sa représentation à la chambre des Lords. La chambre des Communes contenait l'élément démocratique et devait représenter chaque jour davantage une majorité numérique égalitaire. D'autre part, pour assurer l'action gouvernementale, une pondération réciproque devait s'instituer entre ces divers organes. Ce n'était point une séparation des pouvoirs qui les aurait isolés, qui aurait provoqué des conflits et entravé le libre jeu de la machine politique. C'était bien plutôt une collaboration des organes et une répartition des fonctions.

Au célèbre chapitre VI du livre XI de l'*Esprit des Lois*, qu'on a souvent si mal interprété, Montesquieu a montré admirablement cette collaboration des pouvoirs dans la vie politique de l'Angleterre. Bien loin de donner comme un idéal le principe de la séparation rigoureuse des pouvoirs, l'illustre penseur a justement déclaré que « le corps législatif étant composé de deux parties, l'une enchaînera l'autre par sa faculté mutuelle d'empêcher, que toutes les deux seront liées par la puissance exécutrice qui le sera elle-même par la législative, que ces trois puissances devraient former un repos ou une inaction; mais que, comme par le mouvement nécessaire des choses, elle sont contraintes d'aller, elles seront forcées d'aller de concert ».

En France à l'heure actuelle il est incontestable que le suffrage universel égalitaire et direct est la manifestation par excellence de la force gouvernante existant dans le pays. Mais elle n'est pas seule; elle est organisée politiquement dans la chambre des députés, qui ne peut cependant prétendre à la prépondérance parce que à côté d'elle doit exister, et en fait existe, un autre organe qui lui aussi représente une force politique réelle. Le sénat, qui représente l'élément petit bourgeois et particulièrement la petite bourgeoisie rurale, cette quantité de braves gens qui forment le cœur même de la puissance française, à la fois propriétaires et travailleurs. C'est ce qui explique comment le sénat français, créé par les lois constitutionnelles de 1875, qu'on avait dit une institution précaire et dont on avait prophétisé la disparition à brève échéance, est actuellement une des plus fortes institutions de la République française et constitue un contrepoids utile et effectif à l'action de la chambre basse.

Ainsi partout les divers organes politiques, qui s'instituent spontanément et qui exercent une action véritable dans le pays, représentent des forces politiques dont ils sont la mise en œuvre. La vie de l'Etat est assurée par leur collaboration et par l'équilibre qui doit s'établir entre eux, par leur pondération réciproque. Voilà la vérité concrète et elle est bien loin de la théorie proprement dite de la séparation des pouvoirs, séparation rigide qu'on avait attribuée à Montesquieu et qu'en France les constituants de 1791 avaient considérée comme un idéal qu'ils se devaient à eux-mêmes de réaliser dans l'intérêt du pays.

III

Quelle était donc cette théorie rigide de la séparation des pouvoirs ?

Pour la comprendre il faut admettre le concept de souveraineté, de cette souveraineté dont nous avons précédemment parlé, qui serait la volonté même de l'Etat et qui par définition est une volonté indépendante, c'est-à-dire une volonté qui ne se détermine jamais que par elle-même, qui fixe elle-même le domaine de son action et une volonté commandante, c'est-à-dire une volonté qui formule des ordres s'imposant comme tels et par eux-mêmes, quel que soit leur objet. Cette volonté souveraine dont le titulaire est le peuple lui-même personnifié, à une certaine époque on n'était pas bien loin de la considérer comme la volonté de Dieu lui-même. L'Etat souverain, on est tout près de le considérer comme Dieu sur la terre, et le philosophe allemand Hegel n'hésitera pas à dire que l'Etat c'est Dieu se réalisant dans le monde. Mais passons.

Cette puissance souveraine a essentiellement trois prérogatives : 1º Elle a la puissance législative, c'est-à-dire le pouvoir d'édicter des dispositions par voie générale, qu'on appelle précisément le pouvoir législatif. 2º La puissance exécutive, le pouvoir d'assurer la réalisation et l'observation des dispositions par voie générale édictée en forme de loi, le pouvoir exécutif; 3º Enfin la prérogative qui consiste à juger, à dire le droit, quand il est violé ou contesté, le pouvoir judiciaire.

Chacune de ces prérogatives est, suivant l'expression théologique, hypostasiée, c'est-à-dire qu'elle est personnifiée, et que chacune des personnes dont chacune des prérogatives est le support est souveraine, a la plénitude de la souveraineté. La souveraineté est en effet indivisible et si les prérogatives qu'elle comprend sont personnifiées, chacune des personnes qui y correspond doit nécessairement être souveraine. Cependant il n'y a qu'un seul Etat souverain, qu'une seule souveraineté. Il y a trois personnes souveraines; mais il n'y a cependant qu'un seul Etat souverain.

Telle est la théorie de la séparation des pouvoirs dans toute sa rigidité. Il ne faut pas être bien grand clerc en théologie pour apercevoir la ressemblance frappante existant entre cette doctrine politique de la séparation des pouvoirs et la doctrine théologique de la Trinité divine. On pourrait même pousser plus loin le parallèle et montrer que le pouvoir exécutif est *engendré* par le pouvoir législatif, comme dans la doctrine théologique Dieu le fils est *engendré* par Dieu le père, et que le pouvoir judiciaire *procède* du pouvoir législatif et du pouvoir exécutif, tout de même que le saint-Esprit *procède* de Dieu le père et de Dieu le fils.

Je n'ai pas besoin de dire qu'à mon sens ce sont là des théories, fort intéressantes et fort ingénieuses sans doute, mais qui ne sont autre chose qu'une gymnastique de l'esprit et qui scientifiquement ne répondent à aucune réalité. Je m'incline respectueusement devant les croyances chrétiennes. Mais pour ce qui est du droit public et de la politique, je dis, sans hésiter, qu'il faut jeter par-dessus bord ces conceptions métaphysiques, qui se placent en dehors du réel et qui n'ont d'autres conséquences que de fausser les esprits et d'entraver le progrès.

Cette conception erronée de la séparation des pouvoirs, déjà au xviiie siècle, J.-J. Rousseau en avait fait justice dans un passage curieux du *Contrat social* et qui vaut la peine d'être cité : « Mais nos politiques, dit J.-J. Rousseau, ne pouvant diviser la souveraineté dans son principe, la divisent dans son objet; ils la divisent en force et en volonté, en puissance législative et en puissance exécutive... Tantôt ils confondent toutes ses parties et tantôt ils les séparent. Ils font du souverain un être fantastique et formé de pièces rapportées. C'est comme s'ils composaient l'homme de plusieurs corps dont l'un aurait des yeux, l'autre des bras, l'autre des pieds, et rien de plus. Les charlatans du Japon dépècent, dit-on, un enfant aux yeux des spectateurs; puis jetant en l'air tous ses membres, l'un après l'autre, ils font retomber l'enfant vivant et tout rassemblé. Tels sont à peu près les tours de gobelet de nos politiques. Après avoir démembré le corps social par un prestige digne de la foire, ils rassemblent les pièces on ne sait comment » (*Contrat social*, livre II, chap. ii).

Les critiques de J.-J. Rousseau étaient théoriquement fondées; mais ce qui est plus grave, c'est que cette conception de la séparation des pouvoirs a eu en France et en Amérique des conséquences graves. Chez nous elle n'a pas été étrangère aux conflits qui se sont produits immédiatement après le vote de la constitution de 1791 et certainement elle a retardé de cinquante années l'établissement du régime parlementaire. En Amérique elle n'a pas été certainement étrangère à l'impossibilité où ont été les Américains de comprendre et d'appliquer le régime parlementaire. Sous prétexte de respecter le principe de la séparation des pouvoirs leur constitution a soustrait le gouvernement au contrôle direct des chambres, et, si un conflit s'élève entre l'exécutif et le législatif, il n'existe aucun moyen constitutionnel de le résoudre. On a bien vu, en 1920 après la signature du Traité de Versailles, les graves inconvénients qui résultent d'un pareil système, et j'ai pu constater personnellement qu'en Amérique même beaucoup d'esprits éclairés ont compris et regrettent l'application de ce prétendu principe de la séparation des pouvoirs[1].

IV

L'Angleterre et la France à sa suite, en éliminant complètement la conception d'une séparation rigide des pouvoirs, ont réalisé un système politique beaucoup plus souple, beaucoup plus savant et s'adaptant bien mieux à la réalité des choses. C'est le système parlementaire véritable qu'on appelle quelquefois aussi le gouvernement de cabinet. Il y a dans l'Etat deux organes : le chef de l'Etat, monarque héréditaire ou président élu et le parlement. Le chef de l'Etat personnifie le gouvernement. Il nomme des ministres qui exercent sous sa direction les diverses attributions gouvernementales. Celles-ci consistent à diriger l'administration générale du pays et à surveiller l'exécution des lois. Le second organe, le parlement, a pour fonction principale de voter les lois. Mais il n'y a point de séparation, de cloison étanche entre ces deux organes; il y a et il doit y avoir entre eux une collaboration constante, intime, et en même temps un équilibre et une pondération.

---

1. Cf. cependant, Erlick, *La séparation des pouvoirs et la Convention fédérale de 1787*, thèse Paris, 1926.

Le gouvernement, par les ministres, a son entrée dans les chambres. Ceux-ci ont le droit d'y parler toutes les fois qu'ils le demandent. Ils exercent une initiative législative sans réserve. Ils peuvent et ils doivent faire sentir leur action constante sur le parlement. Celui-ci de son côté exerce un droit de contrôle sur tous les actes du gouvernement. Il peut à chaque instant demander aux ministres de s'expliquer et la sanction de ce droit de contrôle est la responsabilité politique des ministres. Le chef de l'Etat n'est pas lui atteint par cette responsabilité parce qu'il représente l'élément permanent du gouvernement et assure la continuité de son action. Mais si les chambres ou l'une d'elles n'approuvent pas la direction politique suivie par le gouvernement, les ministres responsables politiquement doivent se retirer. Il n'en résulte point une crise dans l'Etat, parce que l'élément stable, le monarque héréditaire, ou le président élu pour une durée déterminée et irresponsable politiquement, est toujours là et prendra de nouveaux ministres dans la majorité parlementaire.

Ce n'est pas tout. Dans ce régime complexe, qui implique, comme je viens de le montrer, la collaboration des organes, il existe à la responsabilité politique du ministère une contre-partie indispensable. Si le gouvernement estime qu'en désapprouvant sa politique le parlement s'est trompé et va contre la volonté du corps électoral, il a ce qu'on appelle le droit de dissolution. Il peut dissoudre les deux chambres composant le parlement, ou la chambre unique le composant ou l'une des deux chambres s'il en existe deux, et demander au corps électoral la solution du conflit qui s'est élevé entre lui et le parlement.

Ce droit de dissolution a été parfois présenté comme une prérogative royale, inconciliable avec les vrais principes démocratiques. C'est une grave erreur. Il est au contraire une institution essentiellement démocratique, puisqu'il permet de consulter à chaque instant le corps électoral sur les grands problèmes politiques dont la solution s'impose au pays. Né en Angleterre, le droit de dissolution a été, il est vrai, d'abord une prérogative royale; mais il s'est transformé, il est devenu une institution démocratique et il est le meilleur moyen qu'on ait encore trouvé d'associer le corps électoral à la direction politique du pays. Les Anglais savent s'en servir habilement. J'ai le regret de dire qu'en France le droit de dissolution n'a jamais fonctionné normalement, et que nous avons ainsi perdu un moyen commode d'assurer l'accord constant entre le parlement et les électeurs.

En résumé, dans le régime parlementaire il y a une répartition des fonctions entre le gouvernement et les chambres. Mais il y a en même temps une collaboration réciproque et une action constante de chacun des organes sur l'autre. Le parlement exerce son contrôle sur le gouvernement sous la sanction de la responsabilité politique des ministres. A l'inverse, le gouvernement exerce son action sur le parlement par son droit d'initiative, par son droit de parole et par son droit de dissolution. Au cas de conflit le corps électoral est le juge sans appel : gouvernement et parlement doivent s'incliner devant son verdict.

V

Tel est ce régime parlementaire qui est devenu comme le droit commun politique des pays modernes. Seuls les Etats-Unis et quelques pays des deux Amériques qui ont copié leur constitution ne le pratiquent pas. L'Espagne l'a momentanément abandonné en acceptant le gouvernement dictatorial du général Primo de Rivera et l'Italie de Mussolini ne pratique qu'un régime parlementaire singulièrement déformé. Je n'ose pas dire que tous les autres pays le pratiquent avec une parfaite correction. Du régime parlementaire il en est comme de toutes les institutions humaines; elles s'établissent en vue d'un certain idéal, mais qu'elles ne réalisent pas toujours, et parfois même elles semblent s'en éloigner plutôt que tâcher à l'atteindre.

En France, ce n'est pas sans d'assez longs efforts que nous sommes arrivés à l'institution du régime parlementaire. Dans leur inexpérience politique, les rédacteurs de la constitution de 1791 avaient cru que, pour assurer et garantir la liberté politique, il suffisait de créer un parlement et d'établir la séparation des pouvoirs. Sans doute ils avaient fait une brèche au principe en donnant au roi un veto suspensif en matière législative. D'autre part ils l'avaient désarmé dans l'exercice de ses attributions exécutives en poussant jusqu'à l'extrême la décentralisation administrative. Ils estimaient que la durée de leur œuvre était assurée parce qu'ils y avaient mis du principe rigide de la séparation des pouvoirs. Erreur capitale. Ce fut précisément ce qui provoqua de nombreux conflits entre le gouvernement du roi et l'assemblée législative et amena la chute de la monarchie. Cette constitution de 1791 qu'on avait rêvée éternelle dura une année à peine.

Je passe sur la tourmente révolutionnaire et j'arrive à la constitution de l'an III, œuvre de la Convention nationale, qui contient les mêmes défauts que celle de 1791, qui les aggrave même; car en créant un pouvoir exécutif collégial et en instituant deux chambres, elle augmente les chances de conflits, qui peuvent naître désormais, non seulement entre le législatif et l'exécutif, mais encore entre les deux chambres et aussi au sein du directoire exécutif qui se compose de cinq membres. Aussi l'histoire du gouvernement directorial de l'an III à l'an VIII est-elle l'histoire d'une série ininterrompue de coups d'Etat, jusqu'à celui du 18 brumaire de l'an VIII qui met fin au régime et ouvre l'ère consulaire et impériale, pendant laquelle il n'est point question de régime parlementaire.

La charte de 1814, qui règle l'organisation politique de la monarchie légitime restaurée après la chute de Napoléon Ier, institue une monarchie limitée, mais qui ne présente pas les caractères du véritable régime parlementaire tels que je viens de les définir. Il y a un parlement qui vote les lois, qui peut faire connaître, par la voie de l'adresse, ses désirs et ses opinions au monarque; mais les ministres ne sont pas politiquement responsables devant lui et ne dépendent que du roi. Seulement, par la force même des choses, cette monarchie limitée devient peu à peu une véritable monarchie parlementaire sur le modèle anglais, et de 1828 à 1848 la France a pratiqué véritablement le régime de la monarchie parlementaire avec un ministère responsable politiquement devant les chambres.

Avec la révolution de 1848 on revient à l'esprit de 1789-91; la séparation des pouvoirs conçue à la manière de 1789 reparaît dans la constitution française de 1848 et elle produit les mêmes conséquences. Les conflits naissent entre le chef de l'Etat et l'assemblée législative; et comme il n'y a pas de moyens légaux de les résoudre, on aura recours à la force. En 1792 on arriva à la chute de la royauté, en 1851 on arrive à l'annihilation du parlement et à l'institution d'une dictature présidentielle d'abord et impériale ensuite. Mais vers 1868, sous la pression des faits et de l'opinion publique, le gouvernement impérial est obligé d'accepter des réformes libérales et se donne à lui-même le caractère d'un gouvernement parlementaire. Ce ne devait pas être pour longtemps puisque la transformation fut consacrée par le sénatus-consulte du 21 mai 1870 et que l'Empire s'effondrait le 4 septembre de la même année.

Depuis 1871 la France pratique le régime parlementaire sur le modèle anglais et il y a cela d'assez piquant que la France, qui est république, a une constitution qui est tout à fait éloignée de la constitution républicaine des Etats-Unis, et qui est analogue à la constitution monarchique de l'Angleterre. Les lois constitutionnelles de 1875 ont édifié des institutions politiques analogues à celles de l'Angleterre. Nous les pratiquons naturellement avec notre esprit national, nos tendances, nos sentiments, nos conceptions propres qui sont à beaucoup d'égard bien éloignées de celles des Anglais; mais théoriquement nos deux systèmes politiques présentent les mêmes caractères.

La conclusion de ce qui précède apparaît. La théorie rigide de la séparation des pouvoirs, toutes les fois qu'on a voulu l'appliquer, a été source de conflits, de révolutions et de coups d'Etat. Si la constitution américaine a survécu, ce n'est pas par la séparation des pouvoirs, c'est malgré elle et à raison des restrictions qu'en fait on y a apportées. Le régime parlementaire est encore le meilleur moyen que les hommes aient trouvé de concilier la liberté et l'autorité; mais son application demande de tous, des citoyens les plus hauts placés, comme des plus modestes, un sens politique éclairé et un profond sentiment du devoir. Heureux les peuples qui ont à la fois ce sens politique et ce sentiment du devoir; l'avenir leur appartient.

23 février 1926.

DOUZIÈME LEÇON

Les organes représentatifs et la théorie de la représentation politique.

Messieurs,

La question de la représentation politique est une des plus importantes du droit public et en même temps l'une des plus discutées. On a d'ailleurs comme à plaisir multiplié les difficultés et obscurci le problème. Nous allons essayer d'y mettre quelque clarté.

I

La notion générale de représentation est extrêmement simple et il y a bien longtemps que divers peuples ont pratiqué, sans peut-être d'ailleurs s'en rendre compte, le régime représentatif. Montesquieu, qui comme tous les hommes de son temps, aimait beaucoup les formules pompeuses, souvent vides de sens, a écrit en parlant du gouvernement représentatif. « Ce beau régime a été trouvé dans les bois ». Il voulait dire que c'était les peuplades germaniques, qui, habitant les forêts du centre de l'Europe, avaient les premières pratiqué quelque chose d'analogue au régime représentatif. L'illustre auteur de l'*Esprit des lois* se trompait complètement. Les peuples de l'ancienne Germanie n'ont jamais pratiqué des institutions ressemblant de près ou de loin au régime représentatif. Ils pratiquaient beaucoup plutôt ce que nous appelons le gouvernement direct. C'est encore à Rome, comme pour la plupart de nos institutions modernes, qu'il faut aller chercher la véritable origine du gouvernement représentatif. Il a été d'ailleurs, le produit des faits et non pas une création voulue et raisonnée de l'intelligence humaine.

Lorsque l'opinion publique attribue la puissance de commander à la collectivité sociale elle-même et que celle-ci s'accroît dans de certaines proportions, il est évidemment impossible qu'elle exerce elle-même les prérogatives de cette puissance. C'est à cette situation qu'est venue spontanément et naturellement répondre la représentation politique. Le besoin apparaît alors irrésistible de créer des organes qui seront considérés comme tenant lieu et place de la collectivité titulaire de la puissance politique, et dont les décisions seront considérées comme ayant la même valeur, la même force, s'imposant de la même manière à l'obéissance que si elles avaient été prises par la collectivité elle-même.

Voilà la notion très simple de la représentation politique, voilà dans quelles circonstances elle s'est fait jour et voilà comment elle a pris naissance dans l'histoire de Rome. Chacun sait qu'avec l'avènement d'Auguste et la fin de la République à peu près au commencement de l'ère chrétienne, la puissance politique est partagée à Rome entre deux organes : l'Empereur et le Sénat. C'est même ce qui a fait donner à cette forme politique le nom grec de *dyarchie*.

Lorsque les juristes romains ont voulu expliquer cette transformation, ils ont dit que le peuple étant devenu trop nombreux, il ne pouvait plus se réunir sur la place publique et que le Sénat l'avait remplacé. Le Sénat devient ainsi un organe représentatif; il vote la loi aux lieu et place du peuple et la loi a la même force obligatoire que si elle était votée par le peuple. L'empereur romain lui-même acquiert un caractère représentatif; car s'il est investi de la puissance tribunicienne c'est en vertu de la *lex regia* qui la lui confère et celle-ci est votée par le Sénat qui représente le peuple. L'empereur est ainsi, par l'intermédiaire du Sénat, lui aussi un représentant du peuple. Et pendant la durée de la dyarchie romaine, on peut dire qu'il existe deux organes représentatifs de la puissance populaire : le Sénat et l'Empereur.

Cette idée de représentation disparaît peu à peu; au commencement du IVe siècle avec Dioclétien et Constantin elle n'existe plus. L'Empereur a tout absorbé; il concentre en lui-même toute la puissance politique; il existe un pouvoir personnel de l'Empereur et toute idée de représentation a complètement disparu.

Avec la période féodale ce n'est pas seulement l'idée de représentation qui s'est évanouie, c'est la notion romaine d'Etat qui s'est tellement amoindrie qu'on a pu dire qu'elle était réduite à rien. Un effort est fait pour construire la société européenne sur une hiérarchie des personnes et des terres en éliminant une puissance centrale directrice; mais l'effort n'aboutit pas. Les nations modernes apparaissent et au premier rang la nation française avec l'élément puissant d'unification et de centralisation que représentent les rois capétiens. Quel que soit leur prestige, quelle que soit leur autorité, ils ne peuvent pas gouverner sans associer à leur puissance les différentes classes de la nation, et au commencement du xive siècle apparaissent en France nos états généraux qui font revivre la notion de représentation politique.

. Sans doute, à la différence de nos assemblées politiques, les états généraux ne forment pas une représentation nationale à la manière moderne. Mais ils comprennent les représentants des divers ordres de la nation et ce serait une erreur à la fois historique et juridique de leur refuser tout caractère représentatif. On y affirme à plusieurs reprises que c'est le peuple qui est le *donateur du pouvoir*, que les états généraux parlent en son nom et que seuls ils sont compétents pour formuler ou modifier les lois dites lois fondamentales du royaume, lois de la monarchie supérieures aux lois du roi, lois qui ont le même caractère que celui que nous attribuons aujourd'hui aux lois constitutionnelles rigides.

Enfin, avec la Révolution française, toute une théorie de la représentation politique s'institue. La nation est une personne collective qui a la puissance souveraine. Elle peut l'exercer elle-même; c'est alors le gouvernement direct. Ou elle peut donner à une assemblée mandat de l'exercer en son nom, c'est alors le gouvernement représentatif. L'assemblée est mandataire de la nation mandante, et de même que la volonté exprimée par le mandataire est comme si elle était exprimée par le mandant, de même la volonté exprimée par l'assemblée représentative est la même que si elle était exprimée par la nation représentée.

II

Dans tous les pays qui admettent la souveraineté nationale, c'est-à-dire l'idée que la puissance politique appartient au corps des citoyens, se pose la même question, à savoir : le corps des citoyens exercera-t-il lui-même les diverses prérogatives de la puissance publique ou au contraire chargera-t-il soit un homme, soit un collège, de les exercer en son nom? Si le corps électoral exerce lui-même les prérogatives de la souveraineté on dit que le pays considéré pratique le gouvernement populaire direct. Il y a eu dans l'histoire des exemples d'un pareil gouvernement et encore aujourd'hui il est pratiqué dans quelques cantons suisses.

Il convient toutefois de faire observer qu'il est une fonction de l'Etat que l'on conçoit difficilement exercée directement par le corps des citoyens et qui en fait ne l'a jamais été, c'est la fonction administrative, laquelle consiste, on le sait, à faire chaque jour, on pourrait dire à chaque instant, une série d'actes matériels ou d'ordre juridique destinés à assurer le fonctionnement continu des services publics. Une collectivité, même peu nombreuse, ne peut être constamment réunie et par suite ne peut assurer l'accomplissement d'une semblable fonction. Aussi, même dans les pays qui ont poussé le plus loin la pratique du gouvernement direct, on ne voit point le peuple associé à la fonction administrative, et il exerce seulement la fonction législative et la fonction juridictionnelle et encore une partie seulement de cette dernière.

Chacun sait que les exemples classiques du gouvernement direct nous ont été donnés par la République romaine et les diverses cités de la Grèce ancienne, particulièrement la cité athénienne. Vous seriez tout à fait dans l'erreur si vous vous représentiez ces villes grecques comme nos grandes cités modernes. Elles étaient des agglomérations très restreintes, dont plus de la moitié de la population était esclave. Athènes la plus illustre d'entre elles ne comprenait pas plus de cinq ou six mille hommes libres et citoyens. Mais n'insistons pas sur le passé, arrivons au présent et même à l'avenir.

Actuellement, comme je l'ai déjà dit, quelques cantons suisses pratiquent encore véritablement le gouvernement direct. A Uri, à Unterwalden, et dans quelques autres petits cantons montagneux, le dimanche la population des hommes majeurs se réunit sur la place publique, vote directement les lois et statue sur les grandes questions intéressant le canton, ou sur des procès criminels. C'est vraiment le gouvernement populaire direct à la manière grecque et romaine; ce n'est pas le referendum avec lequel il ne faut point le confondre.

Dans les pays qui pratiquent le referendum et spécialement en Suisse, qui lui a donné une large place, les lois sont votées par un parlement qui a le caractère représentatif. Seulement certaines lois ne deviennent exécutoires que lorsqu'elles sont approuvées par le peuple directement consulté. Les modalités qui accompagnent le système du referendum sont très variables. Tantôt le peuple doit être directement consulté pour toutes les lois. Tantôt il ne l'est que si la demande en est faite dans des conditions déterminées par la constitution. Tantôt la loi est exécutoire si dans un certain délai aucune protestation ne s'est produite, et la consultation populaire n'a lieu que lorsque la réclamation a été faite par un certain nombre de pétitionnaires. Peu importent ces modalités, le système en son principe est le même. Il consiste essentiellement dans le contrôle que peut exercer le peuple sur l'organe représentatif. Il y a là une combinaison assez heureuse du régime représentatif et du gouvernement direct. C'est pourquoi M. Esmein a désigné très exactement cette forme de gouvernement par le nom de gouvernement semi-représentatif. C'est encore la Suisse fédérale et certains de ses cantons qui ont donné une place importante à ce système. La constitution de l'Empire allemand, votée en 1919 et dite constitution de Weimar, a fait aussi une part aux referendum dont le temps ne me permet pas de parler en détail.

III

On peut dire qu'aujourd'hui le système représentatif simple et complet est devenu la forme générale et normale de gouvernement dans tous les pays civilisés. Mais elle donne lieu à des questions délicates, complexes, sur lesquelles nous devons nous arrêter, questions que j'ai essayé de grouper sous les trois chefs suivants : 1º La représentation politique est-elle conciliable avec la notion de souveraineté? 2º Peut-il y avoir des organes représentatifs qui ne soient pas élus? 3º Quel est le lien juridique qui existe, au cas de représentation élective, entre l'électeur et l'élu?

La représentation politique est-elle conciliable avec la notion de souveraineté? Il nous faut un moment admettre comme vrai le concept de souveraineté. Logiquement, il n'est pas douteux que la représentation politique est inconciliable avec la souveraineté. J.-J. Rousseau, qui était un logicien, l'a déclaré à plusieurs reprises et il avait raison. La représentation politique, si elle existe, est le système d'après lequel l'organe dit représentatif a les mêmes pouvoirs que le souverain. N'est-ce pas dire qu'il devient lui-même souverain ? C'est donc la souveraineté appartenant au corps des citoyens qui passe entre les mains de ses représentants. Qu'on le veuille ou non, la représentation politique aboutit ainsi à une aliénation, au moins temporaire de la souveraineté. Or, la souveraineté étant la volonté même de la nation personnifiée est inaliénable. Dire qu'elle est représentée c'est dire qu'elle est aliénée, c'est dire qu'elle est supprimée et que le peuple cesse d'être souverain.

J.-J. Rousseau était tout à fait dans la logique des choses quand il écrivait : « La souveraineté ne peut être représentée par la même raison qu'elle ne peut être aliénée; elle consiste essentiellement dans la volonté générale et la volonté ne se représente point; elle est la même ou elle est autre; il n'y a point de milieu. Les députés du peuple ne sont donc ni ne peuvent être ses représentants; ils ne sont que ses commissaires; ils ne peuvent rien conclure définitivement. Toute loi que le peuple en personne n'a pas ratifiée est nulle; ce n'est point une loi. Le peuple anglais pense être libre; il se trompe fort; il ne l'est que durant l'élection des membres du parlement; sitôt qu'ils sont élus, il est esclave, il n'est rien. Dans les courts moments de sa liberté, l'usage qu'il en fait mérite bien qu'il la perde » (*Contrat social*, livre III, chap. xv).

Cependant, malgré l'argumentation logique de J.-J. Rousseau, le gouvernement représentatif s'est, comme je l'ai dit, institué dans tous les pays civilisés et l'on admet à la fois l'existence de la souveraineté et la possibilité de sa représentation. Mais se pose alors une autre question. La souveraineté étant une dans son essence, peut-elle être représentée par deux assemblées ? Ou au contraire étant une dans son essence, doit-elle aussi nécessairement être une dans sa représentation ? C'est la question de la dualité des chambres qui, à un moment, a soulevé dans certains pays, et particulièrement en France, de très vives controverses. En 1848, au moment où a été votée la constitution française, qui a fondé la seconde République, c'est à la faveur de cet argument que la majorité de l'Assemblée nationale repoussa la dualité des chambres et décida |que l'assemblée législative serait une comme la souveraineté nationale qu'elle devait représenter. Au contraire aujourd'hui le système des deux chambres est devenu le droit commun dans les pays qui pratiquent le régime représentatif. L'argument tiré de la souveraineté une et indivisible n'a pas triomphé et les raisons pratiques l'ont justement emporté. On peut dire au reste que, s'il y a deux chambres, il n'y a qu'un parlement et qu'ainsi, malgré la dualité des chambres, la représentation de la souveraineté reste une comme la souveraineté elle-même.

IV

Peut-il y avoir des organes représentatifs qui ne soient pas élus ? La question se pose spécialement dans les états monarchiques où le pouvoir législatif appartient à un parlement élu et le pouvoir exécutif à un souverain héréditaire. Celui-ci peut-il avoir le caractère d'organe représentatif ? C'est une question qui a donné lieu à de nombreuses et vives discussions.

Esmein enseigne qu'un organe non élu ne peut jamais avoir le caractère représentatif et que par suite un roi héréditaire ne peut en aucun sens être qualifié de représentant. Il développe cette idée que la souveraineté appartient à la nation, qu'un organe politique ne peut avoir le caractère représentatif que s'il reçoit de la nation elle-même une délégation de la souverainete, que le monarque héréditaire trouve son droit dans l'hérédité et ne reçoit par conséquent aucun mandat de la nation. Il ajoute que les constitutions, qui, à l'exemple de la constitution française de 1791, appellent le roi un représentant, contiennent une proposition contradictoire en elle-même, que les rédacteurs de la constitution de 1791 en écrivant à l'article 2 du préambule du titre III : « La nation, de qui seule émanent tous les pouvoirs, ne peut les exercer que par délégation ; la constitution française est représentative ; les représentants sont le corps législatif et le roi » ; en écrivant, dis-je, pareil article les constituants de 1791 ont violé eux-mêmes le principe de la souveraineté nationale formulé à l'article précédent[1].

Au contraire, des maîtres du droit public, comme le professeur Jellinek[2] enseignent que la constitution d'un pays peut toujours donner à un organe le caractère représentatif, alors même qu'il n'est pas élu. Il n'y aurait donc, d'après eux, aucune contradiction entre le principe de la souveraineté nationale et l'article d'une constitution décidant qu'un roi héréditaire exerce comme représentant tout ou partie de cette souveraineté. Pour défendre cette thèse ils font observer que le caractère représentatif d'un organe n'implique pas qu'un mandat lui a été donné; qu'il signifie simplement que les décisions prises par cet organe auront le même caractère, la même force que si elles étaient prises par le corps des citoyens. Ils ajoutent que c'est précisément là l'intérêt qu'il y a de savoir si tel ou tel organe possède ou non un caractère représentatif. Ils ajoutent que la condition indispensable pour constituer une véritable monarchie parlementaire, c'est de reconnaître le caractère représentatif à la fois au parlement et au roi. Si l'on dit que le pouvoir exécutif personnifié par un monarque héréditaire n'a pas le caractère représentatif, que seul le pouvoir législatif

----

1. Esmein, *Droit constitutionnel*, édition Nézard, 1921, I, p. 301 et s.
2. *Allgemeine Staatslehre*, 2ᵉ édition 1905. p. 546.

possède ce caractère, on place vis-à-vis l'un de
l'autre deux organes dont l'un est sans force et
sans autorité, le roi, à côté de l'autre, le parlement
qui, grâce au caractère représentatif qu'on lui
attribue, concentre en lui-même toutes les prérogatives de la souveraineté. On place à côté l'un de
l'autre deux pouvoirs inégaux en puissance et
en prestige, dont l'un fatalement absorbera l'autre,
lentement ou par un coup d'Etat. Un véritable
régime parlementaire est alors impossible; car par
définition même il implique l'existence de deux
pouvoirs se pondérant et s'équilibrant réciproquement.

Ce raisonnement me paraît très juste, et c'est
pourquoi je n'hésite pas à approuver pleinement
le législateur constituant égyptien qui certainement
a voulu reconnaître au roi le caractère représentatif, comme l'avait fait la constitution française
de 1791. Sans doute, votre constitution ne contient
pas une formule donnant expressément ce caractère au monarque, comme la constitution belge
ou la constitution italienne. Mais je crois que le
caractère représentatif du roi d'Egypte apparaît
nettement si l'on rapproche les articles 23 et 29
de votre constitution. A l'article 23 on lit : « Tous
les pouvoirs émanent de la nation; ils sont exercés
de la manière établie par la présente constitution. »
Et à l'article 29, il est dit : « Le pouvoir exécutif
appartient au roi. » Si donc tous les pouvoirs émanent de la nation et que le pouvoir exécutif appartienne au roi, c'est que celui-ci reçoit de celle-là

une délégation ayant pour objet le pouvoir exécutif, c'est que le roi exerce le pouvoir exécutif avec la même force, la même puissance que l'exercerait la nation elle-même, c'est en un mot qu'il possède le caractère représentatif.

Dans les pays républicains qui ont un chef d'Etat élu par le peuple au suffrage direct ou indirect, la question ne peut pas se poser. Il apparaît évidemment à tous que la constitution peut sans difficulté attribuer au chef d'Etat élu le caractère de représentant. Il n'est pas douteux à mon sens que le président de la République française, tel qu'il a été institué par les lois constitutionnelles de 1875, possède ce caractère. La loi dite du septennat du 20 novembre 1873 confiait pour sept ans le pouvoir exécutif au Maréchal de Mac Mahon, qui devait l'exercer avec le titre de président de la République. Il recevait par là même le caractère représentatif, puisqu'il était investi du pouvoir exécutif, qui, dans la conception toujours dominante, appartient originairement, comme tous les pouvoirs, à la nation elle-même. C'est ce même président de la République, avec le caractère représentatif que lui donnait la loi du 20 novembre, qui est maintenu par les lois constitutionnelles de 1875 et dont l'article 3 de la loi du 25 février règle le mode de nomination. C'est précisément, parce que le chef de l'Etat français est un représentant, que beaucoup des actes qui émanent de lui ne sont pas susceptibles d'être attaqués par le recours pour excès de pouvoir, lequel n'est recevable que contre les actes émanés des autorités administratives. Il faut dire cependant qu'une évolution certaine est en train de s'accomplir en France et qu'à beaucoup d'égards le gouvernement personnifié par le président de la République perd le caractère représentatif pour devenir seulement une autorité administrative. Mais c'est là une question tout à fait spéciale à la France et sur laquelle je ne veux pas insister.

V

Considérons maintenant uniquement les organes représentatifs élus et particulièrement les assemblées politiques. On s'est justement demandé quel est le caractère juridique des rapports existant entre l'électeur et l'élu. La question est célèbre en droit public et nous devons nous y arrêter quelques instants. Pour faciliter l'exposition, j'emploierai le mot député pour désigner tout membre d'une assemblée élue et le problème est de savoir quel est le rapport de droit qui existe entre les électeurs et le député. Beaucoup de systèmes ont été proposés qui peuvent cependant se ramener à trois, lesquels sont désignés de la manière suivante: *a*) Le système du député organe; *b*) Le système du député mandataire; *c*) Le système du député représentant. Un mot sur chacun de ces systèmes.

a) Système du député organe. — Il a été surtout développé en Allemagne, et particulièrement par les jurisconsultes Laband et Jellinek. Il y a cependant certaines modalités qui séparent ces deux auteurs. Jellinek a fait quelques concessions en reconnaissant qu'il y avait un certain rapport, qu'il se garde d'ailleurs de préciser, entre le député et l'électeur. Le système a trouvé au contraire dans les écrits de Laband sa rigoureuse expression. Il enseigne que le corps électoral est un organe d'Etat dont l'unique fonction est d'élire et que les députés constituent un organe d'Etat dont l'unique fonction est de légiférer. Lorsque le corps électoral a élu, il n'a plus rien à faire. Le parlement élu et constitué va légiférer dans la plénitude de ses pouvoirs, sans avoir à s'occuper de ce que pense, de ce que veut le corps électoral. Il n'y a aucun rapport, en droit, entre l'électeur et l'élu. L'électeur élit; l'élu participe à la confection des lois; l'un et l'autre ne se connaissent pas; le premier ne peut rien demander au second et celui-ci ne doit aucun compte à celui-là [1].

Ce système est très commode. Il peut être logiquement construit; mais il a le grave tort de méconnaître des faits certains, d'aller contre la réalité tangible. Je suis le premier à rechercher les constructions juridiques; mais encore faut-il qu'elles soient une synthèse de la réalité; sinon elles sont une pure opération de l'esprit, elles ne répondent à rien, elles sont sans valeur comme sans utilité.

---

1. Laband, *Droit public*, édition française 1901, I, p. 443; Jellinek, *Allgemeine Staatslehre*, 2ᵉ édition, 1905, p. 146.

Or, au moment de l'élection, il existe, on ne peut le nier, des relations entre les électeurs et les candidats et ces relations se continuent après l'élection entre les électeurs et les députés. Est-ce que dans tous les parlements du monde le sens dans lequel votent les députés n'est pas porté à la connaissance des électeurs et ceux-ci ne considèrent-ils pas comme un droit intangible de pouvoir demander à leurs élus des explications sur la manière dont ils ont voté, dont, suivant l'expression devenue courante, ils ont rempli leur mandat? C'est aller contre l'évidence des choses de prétendre qu'aucun rapport n'existe entre le député et ses électeurs, et c'est édifier une théorie juridique, aussi vaine que vide, que de vouloir affirmer qu'en droit aucun rapport n'existe entre électeurs et élus. Le système du député organe doit donc être repoussé sans hésiter.

b) Système du député mandataire. — On prétend que chaque député pris individuellement est le mandataire, au sens technique du mot, de la circonscription qui l'a nommé, qu'il se forme entre lui et ses électeurs un véritable contrat de mandat, aux termes duquel il est lié juridiquement par les promesses qu'il a faites avant l'élection. Pour que ce contrat de mandat reçoive une sanction, on a trouvé un moyen ingénieux : le député remet à son comité électoral, avant l'élection, sa démission signée en blanc, et, si le comité estime que le député, lié juridiquement par ses promesses, ne s'y conforme pas, il peut remplir cette démission et l'adresser à la chambre, dont le député en faute cessera par là-même de faire partie.

Ce système prôné par certaines écoles radicales ne soutient pas l'examen. Il ne faut pas oublier en effet que les circonscriptions électorales ne sont rien, que la vérité serait que le pays tout entier ne forme qu'une seule circonscription et que tous les électeurs puissent voter pour les mêmes candidats. Il ne faut pas oublier que les circonscriptions électorales sont de simples divisions territoriales rendues nécessaires par l'étendue du pays et par l'opération matérielle du vote. Permettre aux circonscriptions de donner à leurs députés un mandat impératif, ce serait leur permettre d'usurper les prérogatives du corps électoral entier. La circonscription élit le député; mais, si celui-ci reçoit un mandat, ce ne peut être que du pays tout entier. J'ajoute que si les députés étaient rigoureusement liés par les déclarations qu'ils ont faites avant l'élection, ils perdraient à la chambre toute indépendance; les discussions deviendraient inutiles et la vie parlementaire serait elle-même impossible.

Au reste, la plupart des constitutions ont prohibé formellement le mandat impératif. A la constitution française de 1791 il est dit: « Les représentants nommés dans les départements ne seront pas représentants d'un département particulier, mais de la nation entière et il ne pourra leur être donné aucun mandat » (Titre III, chap. I, sect. III, art. 7). Dans la loi électorale française du 30 novembre 1875 l'article 13 prohibe formellement le

mandat impératif en ces termes : « Tout mandat
impératif est nul et de nul effet. » Une disposition
semblable se trouve à l'article 91 de la constitution
égyptienne : « Les membres du parlement représentent toute la nation. Aucun mandat impératif
ne peut leur être donné par les électeurs ou par
le pouvoir qui les nomme. »

c) Le système du député représentant. — C'est
celui qui est reconnu et pratiqué dans la plupart
des pays. Les écoles radicales, qui le combattent
et qui défendent le système du député mandataire, ne s'aperçoivent pas qu'elles préconisent
un système désuet, qui était celui des états généraux
français dans l'ancien régime. Il convient toutefois
de bien préciser en quoi consiste le système du député
représentant, ou, ce qui est la même chose, du
mandat représentatif. A cet égard je dois vous
mettre en garde contre l'erreur commise par
Esmein dans son *Traité de Droit constitutionnel*,
qui, sous couleur d'exposer le système du député
représentant, en réalité reproduit celui du député
organe, dont j'ai fait précédemment justice[1].

Le système du député représentant a été très
nettement exposé par les auteurs de la constitution française de 1791 et particulièrement par
le célèbre Siéyès. Dans la représentation politique,
a-t-on dit, il y a certainement un mandat. On
ne peut pas nier qu'il y ait un mandat; mais ce
mandat n'est pas donné par la circonscription

----

1. *Droit constitutionnel*, édition Nézard, 1921, I, p. 340.

à son député. Dans tout mandat il y a un mandant et un mandataire. Dans le système représentatif le mandant est la nation entière, personne juridique investie d'une volonté; le mandataire est le parlement pris lui-même comme une personne; le mandat est donné par la nation personne au parlement personne. Avec ce système on explique comment il y a un rapport permanent entre le corps électoral et les députés; comment ceux-ci doivent rendre compte de leur mandat à leurs électeurs; comment les séances parlementaires doivent être publiques; comment les votes des députés doivent être soumis au contrôle permanent des électeurs. Mais en même temps le député n'est pas lié envers sa circonscription par les promesses qu'il a faites; il est, comme on l'a dit en France en 1791 et dans votre constitution, le représentant de la nation entière et il ne peut recevoir un mandat impératif de la circonscription qui l'a élu. Représentant du pays, placé sous le contrôle du pays tout entier, le député agit librement, vote suivant sa conscience, sauf à rendre compte aux électeurs quand il demandera le renouvellement de son mandat.

Tel est le système auquel il faut se rallier. C'est celui qui rend le mieux compte des faits et qui écarte les inconvénients qui résultent des deux premiers. Ce n'est pas cependant qu'on ne puisse lui faire certaines objections d'ordre théorique. Peut-on dire que la nation donne par l'élection un mandat au parlement? Il faut que le mandant et le mandataire existent au moment où le mandat est donné. Je veux bien qu'au moment de l'élection le mandant existe; c'est la nation. Mais le mandataire n'existe pas encore puisque ce doit être le parlement et que celui-ci n'existera qu'après l'élection.

VI

Je n'insiste pas d'ailleurs sur cette critique un peu subtile et j'arrive, pour terminer, au problème pratique qu'a posé le système du mandat représentatif.

Jusqu'à il y a trente ans environ, dans tous les pays le système électoral reposait sur une base exclusivement majoritaire Etaient élus seulement les candidats qui avaient obtenu le plus de voix, soit qu'on exigeât la majorité absolue au moins au premier tour, soit simplement la majorité relative.Mais un courant très général d'opinion a provoqué dans certains pays, particulièrement en Belgique en 1900 et en France en 1919, l'institution d'un système électoral tendant à donner dans le parlement une certaine représentation à tous les partis politiques ayant une certaine consistance et une représentation variable en raison de cette consistance. C'est ce qu'on a appelé la représentation proportionnelle.

On s'est demandé, non sans raison, si le procédé de la représentation proportionnelle était logiquement conciliable avec le système du mandat repré-

sentatif donné par la nation personne au parlement tout entier, si le système de la représentation
proportionnelle n'aboutissait pas à fragmenter cette
personne nation une et indivisible par définition
et devant exprimer sa volonté par une décision
unique. Et d'autre part, la représentation proportionnelle n'est-elle pas la condition indispensable
pour qu'un système électoral soit vraiment équi-
table ? Le système majoritaire pur n'aboutit-il pas
nécessairement à l'écrasement inique des minorités ?

Ces critiques du système majoritaire ont assurément du vrai. Pour ma part j'ai été un fervent
du système proportionnel. On se demande, et je
me demande aujourd'hui si, à côté d'avantages
évidents, il n'a pas de graves inconvénients, s'il
n'aboutit pas, comme en Belgique, à la suppression
dans les assemblées politiques d'une majorité de
gouvernement, indispensable pour que la machine
parlementaire puisse fonctionner. Un courant très
net s'est manifesté en France pour le retour au
système majoritaire.

Quoi qu'il en soit de ces discussions, je persiste
à penser que malgré les critiques théoriques, malgré les objections d'ordre pratique, si nous devons
choisir entre l'un des trois systèmes exposés,
il faut incontestablement accepter le système
du mandat représentatif. Il serait cependant, à
mon sens, préférable d'écarter complètement l'idée
de mandat et de montrer que les rapports de contrôle qui peuvent exister entre le corps parlementaire et le corps électoral ne doivent pas rentrer

dans le cadre civiliste du mandat, qu'il suffit d'affirmer qu'une correspondance aussi exacte que possible doit exister entre la pensée directrice du corps électoral et l'attitude du parlement; que pour cela les éléments essentiels qui sont dans la nation doivent être représentés au parlement; que, si la représentation proportionnelle des partis doit être écartée, une place doit être faite à la représentation professionnelle ou, comme l'on dit, à la représentation des forces sociales.

C'est un problème que je livre à vos méditations, qui ne peut au reste recevoir une solution d'ensemble; car la réponse doit varier suivant les divers pays et en raison de leur état intellectuel, économique et social.

25 février 1926.

Les agents de l'État.
Théorie générale de la fonction publique.

Messieurs,

Dans notre dernier entretien nous avons étudié les organes politiques proprement dits, ceux auxquels, dans les pays modernes, on reconnaît le caractère représentatif. Mais il est impossible que les organes politiques puissent assurer eux-mêmes le fonctionnement de tous les services publics. Sans doute ils le pourraient à la rigueur dans de tout petits pays comme la principauté de Monaco, et encore même sur un territoire aussi peu étendu les services publics prennent une extension si grande que partout, peut-on dire, les organes politiques ont besoin d'agents pour assurer, sous leur contrôle et leur autorité, la réalisation de l'activité publique.

Ce sont ces agents qui partout sont placés, comme je viens de le dire, sous l'autorité et le contrôle des organes politiques, ces agents qui

assurent le fonctionnement des services publics,
ce sont ces agents que j'appelle agents publics
ou agents de l'Etat. Ils n'ont aucun caractère de
représentation et se distinguent donc nettement
des organes politiques. Ce sont eux qui doivent
faire maintenant l'objet de notre étude.

I

Tout d'abord les agents publics doivent être
distingués en deux grandes catégories, distinction
qui a donné lieu à beaucoup de controverses, à
beaucoup de difficultés, qui ne se seraient pas
élevées si l'on avait procédé à une analyse plus
exacte des situations. Il faut distinguer les agents
publics fonctionnaires et les agents publics non
fonctionnaires. Les uns et les autres sont des agents
publics; les uns et les autres participent directement
au fonctionnement des services publics. Où est
donc la différence entre eux, ou du moins en quoi
consiste le principe de cette différence?

On est d'accord aujourd'hui, ou à peu près,
pour définir la notion qu'il faut se faire des agents
fonctionnaires. Ce sont des agents publics, c'est-
à-dire des agents créés et rétribués par l'Etat,
ou par une collectivité publique reconnue par
l'Etat. De plus ces agents sont compris d'une
manière permanente, normale et professionnelle
dans les cadres d'un service public. Ces cadres
sont déterminés par la loi même du service, et
la situation des agents qui y sont compris est

ainsi exclusivement légale, réglée directement par la loi qui régit le service.

J'appelle loi du service la loi matérielle, je veux dire la disposition par voie générale émanée du parlement ou du gouvernement, qui organise le service, qui détermine son objet, fixe ses cadres, institue les diverses catégories d'agents qui sont chargés de son fonctionnement. Tous les agents et seulement les agents qui sont compris dans ces cadres permanents, les agents dont la situation est réglée par la loi du service, sont des fonctionnaires. Ceux qui accidentellement, momentanément sont associés au service, mais ne sont pas compris professionnellement, normalement, d'une manière permanente dans les cadres, ceux-là sont des agents publics, mais ne sont pas des fonctionnaires.

Si vous prenez pour exemple un service public quelconque, le service public des postes, ou encore celui des chemins de fer, vous apercevez des catégories d'agents dont le rôle, les attributions et la situation, sont établis législativement ou réglementairement, directeurs, inspecteurs, chefs de gare, distributeurs, mécaniciens, etc... Pour qu'un agent soit fonctionnaire, il faut qu'il ait une de ces qualités; il faut qu'il soit compris normalement et professionnellement dans l'un de ces cadres. Si par suite des exigences du service, l'administration fait appel momentanément à des agents auxiliaires qui remplissent les mêmes fonctions que les agents normaux et permanents, ce ne sont pas des fonctionnaires, mais de simples agents, et on va voir un peu plus loin l'intérêt majeur à distinguer les agents fonctionnaires et ceux qui ne le sont pas.

S'il m'est permis de donner un exemple qui nous touche de très près, je prendrai celui de l'Université égyptienne, qui à l'heure actuelle est en train de s'organiser. Dans les règlements qu'élabore en ce moment le conseil de l'Université conformément à la délégation qu'il a reçue de la loi, un statut est établi pour les professeurs de nationalité égyptienne qui seront nommés conformément à ces règlements. Ils seront des fonctionnaires du gouvernement égyptien, parce qu'ils seront compris normalement et professionnellement dans les cadres réglementaires du service public universitaire. Mais en outre, le gouvernement égyptien veut bien faire appel, pour une période déterminée, à des professeurs étrangers, avec lesquels il conclut un contrat pour une certaine durée. Ceux-ci seront des agents publics, mais non point des fonctionnaires. Leur situation sera déterminée par le contrat et non point par le règlement de l'Université. Et ainsi, se trouve appliqué, l'article 3 de votre constitution, aux termes duquel en principe, seuls les nationaux égyptiens peuvent être des fonctionnaires.

II

Quelle est la différence juridique entre les agents fonctionnaires et les agents non fonctionnaires ?

Elle consiste essentiellement en ce que la situation du fonctionnaire est une situation légale ou objective, qui naît à la suite de sa nomination et dont l'étendue et les effets sont exclusivement réglés par la loi du service. Au contraire la situation de l'agent non fonctionnaire est une situation juridique subjective, individuelle, avec tous les caractères qui s'y attachent, une situation dont l'étendue et les effets sont déterminés par l'acte de nomination, qui est en général un contrat. A cette différence générale se rattache toute une série de conséquences qui ne sont autres que l'application de la distinction principale faite précédemment entre les situations juridiques objectives ou légales et les situations juridiques subjectives ou contractuelles.

On a beaucoup discuté et on discute encore la question de savoir si la nomination de fonctionnaire est un acte unilatéral ou un contrat. La question est à vrai dire mal posée. En effet la question qui se pose en droit n'est pas celle de savoir si la nomination du fonctionnaire est un acte unilatéral ou un acte contractuel, elle est celle de savoir si elle est un acte-condition ou un acte subjectif. Or, il est à mon sens évident qu'elle est un acte-condition, que la situation d'un fonctionnaire ne dérive pas de sa nomination, mais de la loi; que l'étendue de cette situation, les prérogatives qui s'y rattachent, les charges qui en découlent, sont fixées par la loi; que l'auteur de la nomination ne peut apporter aucune modification au statut du fonctionnaire, tel qu'il est institué par la loi. L'acte de nomination n'est donc pas autre chose que la condition nécessaire pour que la loi de fonction s'applique à une certaine personne.

Quant à la question de savoir si la nomination est un acte unilatéral ou un acte plurilatéral, si le consentement du fonctionnaire intervient nécessairement ou est inutile, c'est un point de fait et non de droit. On peut concevoir un pays où le fonctionnaire est nommé par la volonté unilatérale de l'Etat et ne peut pas refuser sa nomination. Il en était ainsi par exemple des fonctionnaires dans les cités romaines du Bas-Empire. Aujourd'hui dans tous les pays les fonctions publiques ne sont pas en général imposées et nul n'est investi de la situation fonctionnelle, s'il ne l'a pas demandée, ou du moins s'il ne l'a pas acceptée. En fait partout dans les Etats modernes la nomination de fonctionnaire est un acte pluri-latéral. Mais elle n'est pas un contrat. On s'accorde aujourd'hui à reconnaître, comme je l'ai expliqué dans une des précédentes conférences, qu'il n'y a de contrat que lorsque l'accord de volontés tend à créer une situation juridique subjective, un rapport de créancier à débiteur. Or je viens de montrer qu'il n'en est pas ainsi dans la nomination de fonctionnaire. L'acte est plurilatéral, mais pas contractuel, et il rentre à mon avis dans la catégorie des actes qu'on a appelés les actes collectifs ou peut-être dans celle des *Verein-*

barungen ou *unions*. Au reste, cette dernière question n'a pas d'intérêt pratique; mais ce qui est capital, c'est de comprendre le caractère d'acte-condition, d'acte objectif, appartenant à la nomination de fonctionnaire, caractère qui explique comment, dans les pays qui admettent le recours objectif pour excès de pouvoir, il est recevable contre un pareil acte.

III

Lorsque le fonctionnaire est nommé, il acquiert une certaine compétence, c'est-à-dire capacité pour faire légalement et valablement certains actes, ceux-là et pas d'autres. Cette compétence il ne la reçoit pas du gouvernement, du chef d'Etat qui le nomme. Cette compétence il la détient en application de la loi du service, dont la nomination a conditionné l'application à une certaine personne.

Il fut un temps où, dans la plupart des pays et particulièrement en France, on considérait que le chef de l'Etat, le roi, concentrait en lui-même la souveraineté, c'est-à-dire la somme de toutes les compétences et que, lorsqu'il nommait un fonctionnaire, il déléguait à celui-ci une partie de ses compétences. Aujourd'hui cette idée a complètement disparu. Je ne connais guère que la Grande-Bretagne dans laquelle elle a laissé quelques traces. Théoriquement tout au moins, les fonctionnaires *appointés* par la couronne reçoivent une délégation de celle-ci et exercent leur compétence en vertu de cette délégation.

Partout ailleurs, dans les pays modernes, on considère que le chef de l'Etat personnifiant le gouvernement possède lui aussi une compétence dont l'étendue est déterminée par la loi, et dont il se trouve investi par application de la loi. Il est compétent pour nommer des fonctionnaires; mais il n'est pas compétent pour modifier sa compétence et en déléguer une partie à une autre personne. Quand il nomme un fonctionnaire il désigne la personne à laquelle s'appliquera la loi de compétence. Comme je le disais la nomination conditionne l'application de cette loi et c'est uniquement en vertu de la loi que le fonctionnaire est investi d'une certaine compétence.

Si l'idée de délégation de compétence était maintenue, ce ne serait qu'un mandat. Or le mandat peut toujours être révoqué par celui qui le donne, lequel peut aussi modifier les pouvoirs de son mandataire. Or, dans les idées modernes, le gouvernement ne peut révoquer un fonctionnaire que dans les limites qui sont fixées par la loi et en tout cas il ne peut changer la compétence de celui-ci. Cette compétence est une création de la loi qui seule peut en modifier par voie générale l'étendue et les prérogatives.

De même encore, et pour la même raison, le fonctionnaire ne peut pas modifier sa propre compétence, ni en déléguer une partie à un autre fonctionnaire. Ces délégations de fonctionnaire à fonctionnaire ne sont possibles que dans les cas et sous les conditions qui sont rigoureusement déterminées par la loi. La compétence n'est pas un droit subjectif dont le fonctionnaire peut disposer comme il l'entend; elle est une situation objective née de la loi, qui ne peut être modifiée que par elle, mais qui peut l'être à tous moments, la loi nouvelle s'appliquant à tous les fonctionnaires, même à ceux qui ont été nommés avant sa promulgation·

IV

Il faut attribuer le même caractère objectif aux avantages faits aux fonctionnaires : traitement, promotion de classe, retraite. Spécialement le traitement promis par l'Etat et la retraite ne sont pas des dettes s'imposant à l'Etat en vertu du prétendu contrat de nomination. Ces divers avantages se rattachent à la fonction et ont comme la fonction un caractère exclusivement objectif. Sans doute à un moment qui peut varier et qu'il est quelquefois difficile de déterminer, le fonctionnaire devient créancier de l'Etat pour une mensualité de son traitement, ou un terme de sa retraite. Mais il n'est jamais créancier du traitement et de la retraite pris en soi. Il est à cet égard, comme en ce qui concerne la compétence, dans une situation légale, objective. Il en résulte cette conséquence extrêmement importante qu'en droit français le recours pour excès de pouvoir, recours objectif, est recevable contre les décisions relatives au traitement ou à la retraite d'un fonctionnaire, et d'une manière générale, cette autre conséquence, vraie dans tous les pays, que la loi peut toujours modifier les traitements et les pensions de retraite soit en plus, soit en moins, et que la loi nouvelle, même si elle diminue le montant du traitement ou de la retraite, s'applique à tous les fonctionnaires, même à ceux nommés ou admis à la retraite antérieurement à sa promulgation. J'ai rencontré bien souvent des fonctionnaires qui s'étonnaient d'une pareille décision. Je leur ai fait comprendre, non sans difficulté, que, si la loi qui augmentait le traitement ou la retraite s'appliquait à eux, devait aussi s'appliquer la loi qui les diminuait.

A la situation objective du fonctionnaire, se rattache encore ce qu'on appelle plus particulièrement le statut des fonctionnaires, c'est-à-dire l'ensemble des dispositions qui sont édictées par la loi du service pour assurer aux fonctionnaires des garanties contre toute décision arbitraire qui pourrait intervenir à leur sujet, par exemple, révocation, déplacement, rétrogradation, suspension. Les dispositions légales à ce sujet varient suivant les pays et, dans chaque pays, suivant les catégories de fonctionnaires; mais jamais pour eux elles ne constituent une situation juridique subjective; jamais elles ne leur attribuent, contrairement à ce qui a été dit quelquefois, une propriété sur leurs fonctions.

M. Hauriou en France a soutenu que l'inamovibilité du magistrat et du professeur était un véritable droit de propriété, que le premier était propriétaire de son siège, le second propriétaire de sa chaire[1]. C'est à mon sens une idée tout à fait fausse. La notion de propriété, qui correspond à des situations d'intérêt privé, n'a rien à faire ici. Ce qu'on appelle inamovibilité est une situation fonctionnelle particulièrement protégée, puisque le fonctionnaire ne peut être révoqué ou déplacé qu'après la décision prise par une véritable juridiction; mais la situation qui est ainsi faite, est toujours une situation légale dérivant de la loi et pouvant être à chaque instant modifiée par elle.

A cette théorie du caractère objectif et légal attribué à la situation de fonctionnaire, on a parfois objecté qu'elle est erronée, parce que le fonctionnaire a véritablement un droit subjectif, puisque par un acte unilatéral de sa volonté il peut, en donnant sa démission, faire cesser sa situation de fonctionnaire. L'objection ne porte pas, car elle est le résultat d'une erreur. Il n'est vrai dans aucun pays que le fonctionnaire puisse par un acte unilatéral, en donnant sa démission, faire cesser sa fonction et se soustraire aux obligations légales qui s'y rattachent. Le fonctionnaire peut, il est vrai, donner sa démission à tout instant; mais cet acte ne fait pas par lui-même cesser la fonction. Il ne produit d'effet que lorsqu'il est

---

1. *Droit administratif*, 7ᵉ édition 1911, p. 621 et p. 630.

accepté par l'autorité supérieure. Le fonctionnaire, qui a donné sa démission, est toujours fonctionnaire; il ne peut cesser de remplir sa charge que lorsque l'acceptation de sa démission lui a été officiellement notifiée. Le fonctionnaire qui, après avoir donné sa démission, sans attendre qu'elle soit acceptée par l'autorité compétente, abandonnerait son service, commettrait une faute disciplinaire grave, susceptible d'entraîner sa révocation ou du moins sa comparution devant un conseil de discipline.

Si des prérogatives nombreuses appartiennent aux fonctionnaires en vertu de la loi, celle-ci lui impose comme contre-partie de rigoureuses obligations. Il est tenu, par application de la loi, de remplir toutes les charges qui se rattachent à sa fonction, d'assurer le fonctionnement du service public qui lui est confié. Il ne peut, sous un prétexte quelconque, refuser d'exécuter les actes se rattachant à sa fonction. Il ne le peut pas, agissant individuellement; *à fortiori*, il ne le peut pas agissant de concert avec ses collègues. La grève des fonctionnaires est toujours, de quelque prétexte qu'elle se pare, une violation de la loi; elle est toujours une faute disciplinaire, la plus grave des fautes disciplinaires; elle est antinomique à la notion même de service public. Celui-ci a pour support et pour raison d'être une activité d'intérêt général d'une importance telle qu'elle ne peut être interrompue un seul instant, sans que la vie collective elle-même se trouve en danger.

Les coalitions et grèves de fonctionnaires ont précisément pour but de faire pression sur le gouvernement et l'opinion publique, en arrêtant ces activités indispensables à la vie sociale. En agissant ainsi les fonctionnaires violent la loi, commettent une faute disciplinaire; mais bien plus, à mon avis, ils commettent le plus grand des crimes; ils assassinent la collectivité, ce qui est plus grave qu'un meurtre individuel. La grève dans les rapports d'employeur et d'employés peut être dans certains cas légitime; le refus concerté d'assurer le fonctionnement d'un service public de la part des fonctionnaires est toujours un crime.

V

Cette théorie, que je viens d'établir de la fonction publique, s'applique-t-elle à tous les fonctionnaires? A mon sens, il faut répondre affirmativement sans hésiter. Par définition le fonctionnaire est l'agent public qui est compris d'une façon permanente dans les cadres normaux d'un service public. Tout agent public qui a ce caractère est un fonctionnaire et la situation, que nous lui avons reconnue, se rattache directement au service public dont il est un élément essentiel. Cela est vrai pour tous les fonctionnaires; il n'y a donc à faire entre eux aucune distinction.

Je repousse par suite la distinction bien connue des fonctionnaires d'autorité et des fonctionnaires de gestion. Elle a eu pendant un moment une très grande vogue. Maintenant elle est à peu près complètement abandonnée. Seul, M. Berthélemy la défend aujourd'hui. Grâce à son autorité elle fait encore quelque figure, malgré l'erreur manifeste sur laquelle elle repose, malgré les conséquences néfastes qui en découlent [1].

D'après cette doctrine, il faudrait distinguer les services d'autorité et les services de gestion. Les premiers seraient les services qu'on ne se représente pas susceptibles d'être réalisés par les simples particuliers, les services que seul l'Etat peut assurer. Ont par exemple ce caractère, l'armée, la police, la justice. Tous les fonctionnaires qui se rattachent à de semblables services, seraient des fonctionnaires d'autorité. Au contraire, il y a, dit-on, des services que l'on conçoit très bien pouvoir être assurés par l'activité des simples particuliers, par exemple, le service des postes, des télégraphes, des téléphones, le service de l'enseignement, le service des chemins de fer. Tous les fonctionnaires de tels services seraient des fonctionnaires de gestion.

Quant aux intérêts pratiques de la distinction, ils seraient très nombreux et très importants. La nomination des seuls fonctionnaires d'autorité serait un acte de puissance publique, susceptible d'être attaqué par le recours pour excès de pouvoir; celle des fonctionnaires de gestion serait un con-

---

1. Berthélemy, *Droit administratif*, 10e édition, 1923, p. 49 et s.

trat soumis aux règles du droit commun. Ce contrat serait, suivant les cas, soit un contrat de mandat, soit un contrat de louage de service ou contrat de travail. Les fonctionnaires de gestion seraient exactement dans la même situation que les employés privés : ils pourraient former des associations professionnelles soumises à la législation spéciale relative aux syndicats; ils pourraient légitimement se mettre en grève, quand au contraire les fonctionnaires d'autorité n'auraient aucun de ces droits.

Ces conséquences suffisent à elles seules pour montrer que cette prétendue distinction des fonctionnaires d'autorité et des fonctionnaires de gestion est absolument inadmissible. Comme je l'ai dit plus haut, les uns et les autres assurent le fonctionnement d'un service public, et la situation faite aux fonctionnaires en est la conséquence directe et nécessaire. Les raisons, en vertu desquelles les fonctionnaires n'acquièrent pas leur situation d'un contrat de travail ou autre, ne peuvent pas se mettre en grève, ne peuvent pas se syndiquer, existent toujours avec la même force quel que soit le service qu'ils sont chargés d'assurer. Encore une fois tout cela est la conséquence du caractère qui leur appartient à raison même du service public. Cette prétendue distinction a eu de graves et néfastes conséquences. C'est en l'invoquant, en invoquant l'autorité de ceux qui la défendaient, qu'en France particulièrement de nombreux fonctionnaires ont prétendu

au droit de grève et constitué des syndicats et
des fédérations de syndicats qui ont été et sont
encore pour le gouvernement une cause de graves
difficultés, sans parler des perturbations qu'ils
ont amenées dans le fonctionnement des services
publics.

VI

Si je repousse énergiquement la distinction
des fonctionnaires d'autorité et des fonctionnaires
de gestion, je suis le premier à reconnaître qu'il
existe certaines classifications qui sont indispensables et qui répondent exactement à la réalité
des choses, et notamment la distinction entre
les fonctionnaires centralisés et les fonctionnaires
décentralisés. Je m'explique.

Dans tous les grands pays modernes, on doit
évidemment distinguer deux catégories de fonctionnaires. Ceux que j'appelle les fonctionnaires
de direction et ceux qu'à défaut d'autres noms
j'appelle les fonctionnaires d'action et de technique. Les premiers sont ceux qui impriment
la direction générale aux services publics considérés, qui adressent des ordres à tous les fonctionnaires du service, qui formulent des instructions,
adressent des injonctions, prennent toutes les
décisions, annulent, réforment, ou suspendent les
décisions prises par leurs subordonnés. Ce sont,
au sommet les ministres, les directeurs généraux,
dans les provinces les préfets français ou les

moudirs égyptiens, les directeurs d'administrations spéciales, comme en France les directeurs départementaux des contributions directes ou indirectes, des directeurs des postes, les recteurs pour l'enseignement à ses divers degrés. Les fonctionnaires d'action et de technique sont tous ceux qui accomplissent les actes innombrables d'ordre juridique ou d'ordre matériel, qui sont nécessaires pour assurer l'accomplissement de l'activité fonctionnelle. Ils agissent sous l'autorité ou sous le contrôle des fonctionnaires de direction. Il est inutile de citer des exemples; c'est la grosse masse des fonctionnaires administratifs de tous ordres et de tous services.

Cela compris, il n'y a point de distinction à faire entre les uns et les autres au point de vue de leur caractère et de leur situation : celle-ci au point de vue juridique est pour les uns et les autres d'ordre purement objectif, comme je l'ai expliqué précédemment. D'autre part il n'y a pas de distinction à faire en ce qui concerne les fonctionnaires de direction relativement à leurs rapports avec le gouvernement : tous doivent être nommés par le gouvernement avec une entière liberté d'appréciation; tous ils doivent être placés sous l'autorité complète du gouvernement qui doit être libre de les révoquer ou de les déplacer et d'exercer sur eux un pouvoir hiérarchique véritable. Mais au contraire, pour les fonctionnaires d'action ou de technique, se pose une question importante.

Doivent-ils être centralisés ou au contraire décentralisés ? Doit-on faire de la centralisation ou de la décentralisation ? Si vous faites exclusivement de la centralisation, tous les fonctionnaires d'action et de technique seront nommés par le gouvernement ou par ses agents de direction ; ils seront placés sous l'autorité du gouvernement ou de ses agents ; ils pourront recevoir d'eux des ordres véritables, et tous les actes des fonctionnaires d'action et de technique pourront être annulés, réformés, suspendus pour une raison de droit ou d'opportunité par le gouvernement ou ses agents. Au contraire, si vous faites de la décentralisation, vous apporterez des restrictions plus ou moins étendues au pouvoir de nomination appartenant au gouvernement ou à ses agents ; vous associerez à cette nomination des éléments distincts du gouvernement ; vous ferez intervenir par exemple dans une mesure variable l'élément électoral. D'autre part, les fonctionnaires décentralisés seront soustraits au pouvoir hiérarchique du gouvernement ou de ses agents, qui n'auront plus sur eux qu'un pouvoir plus ou moins étendu de contrôle, qui par exemple ne pourront annuler, réformer ou suspendre un acte que pour raison de droit, qui même peut-être ne pourront pas le réformer.

Tels sont dans leurs grandes lignes le système centralisateur et le système décentralisateur. Quel est le meilleur des deux ? J'estime qu'il faut toujours, à notre époque, à raison du large accroissement de l'activité publique et dans l'intérêt même de son bon fonctionnement, faire une part assez large à la décentralisation. Il faut tout à la fois associer par l'élection les administrés à l'activité administrative, et associer les fonctionnaires à la direction du service. C'est dire que cette décentralisation, qui doit d'ailleurs pour son étendue varier suivant les pays, suivant leur degré de culture, suivant leurs tendances et leurs aspirations, suivant les divers services publics, peut se réaliser par deux moyens, qu'on a appelés la décentralisation par région et la décentralisation par service.

La décentralisation par région consiste à donner aux fonctionnaires locaux, dont la compétence s'exercera dans une circonscription déterminée, des attaches locales, se réalisant le plus habituellement par l'élection, et à placer ces fonctionnaires locaux, non plus sous le pouvoir hiérarchique, mais sous le contrôle du gouvernement ou de ses agents. En Egypte par exemple, si tous les agents municipaux, les *omdés* sont nommés par le gouvernement ou par le *moudir*, sans aucune part d'élection, si celui-ci peut leur adresser des injonctions, s'il peut pour une raison de droit ou de fait annuler, réformer ou suspendre leurs actes, vous avez un régime complet de centralisation. Si au contraire vous créez des corps élus ou des agents eux-mêmes élus; si vous augmentez leurs attributions; s'ils sont soustraits au pouvoir hiérarchique des *moudirs*, si ceux-ci peuvent annuler les actes des agents élus seulement pour violation de la loi, alors vous avez organisé un véritable régime de décentralisation par région. On ne saurait méconnaître que le système décentralisateur ainsi compris, sagement limité, répond aux tendances libérales modernes et s'harmonise admirablement avec un gouvernement central tout à la fois parlementaire et fort.

Le second système de décentralisation, ou décentralisation par service est, comme son nom l'indique, institué en dehors de toute considération régionale et à l'intérieur de tel ou tel service spécial pris en lui-même. Il peut revêtir diverses modalités dans le détail desquels je n'entrerai pas. Je me borne à dire qu'il se réalise surtout par la personnification juridique du service et la participation des fonctionnaires techniques à la direction. En France, une part très large a été faite à la décentralisation par service dans l'organisation de l'enseignement supérieur, et les rédacteurs de la loi égyptienne du 19 mars 1925, qui a créé votre Université, s'en sont largement inspirés; je ne puis que les en féliciter vivement.

Si l'on avait créé une Université complètement centralisée, tous les professeurs auraient été nommés sans condition et sans réserve par le gouvernement. Ils n'auraient été, en aucune espèce de mesure, associés à la direction de l'Université. Celle-ci n'aurait point eu la personnalité civile. Il n'y aurait pas eu de conseil de l'Université et tous les pouvoirs de direction auraient appartenu au gouvernement. Au lieu de cela la loi égyptienne a su instituer un régime de décentralisation, tout en maintenant très justement les pouvoirs de contrôle du gouvernement. Celui-ci possède en la personne du recteur un agent direct qui exerce ce pouvoir de contrôle, et vous savez avec quel tact et quelle autorité le haut personnage auquel ces fonctions ont été confiées sait les remplir.

Un conseil de l'Université dans lequel, à côté du ministre, du recteur, de quelques hauts fonctionnaires et de notabilités égyptiennes, siègent les doyens et deux délégués de chaque Faculté est chargé de tout ce qui concerne la direction générale de l'Université et particulièrement de rédiger, sous le contrôle du gouvernement, les règlements organiques. L'Université a ses biens, son budget qu'elle vote elle-même et dont l'élément principal est une subvention de l'Etat. Le pouvoir du gouvernement n'est pas un pouvoir d'ordre, mais un pouvoir de contrôle. Il peut annuler pour violation de la loi, refuser d'approuver les décisions du conseil de l'Université; mais il ne peut pas les réformer; il ne peut pas se substituer à lui; il ne peut pas lui adresser d'injonctions. —

J'ai tenu à citer cet exemple de l'Université égyptienne, parce que je ne peux pas en trouver de meilleur d'une sage et féconde décentralisation par service.

2 mars 1726

QUATORZIÈME LEÇON

La limitation des pouvoirs
de l'État. Sanction de cette limitation.

Messieurs,

Nous devons aujourd'hui étudier une question
extrêmement importante, laquelle est assurément
la question capitale du droit public; car, à parler
vrai, suivant qu'on y répond oui ou non, il y a
ou il n'y a pas de droit public. C'est celle de savoir
s'il existe une limitation juridique à l'action de
l'Etat. Si cette limitation n'existe pas, l'Etat
peut tout faire et dès lors il est soustrait à toute
règle de droit. Pour qu'il y soit soumis, il faut
une règle supérieure à lui, une règle qui détermine
le domaine de son action, qui fixe les choses qu'il
doit faire et celles qu'il ne peut pas faire.

Cette règle existe, il faut qu'elle existe et c'est
le cas de dire que si elle n'existait pas il faudrait
l'inventer. Peu importe le fondement qu'on lui
donne. Il faut qu'elle existe, car si elle n'existait

pas, il n'y aurait aucune sécurité pour les personnes;
l'Etat serait une force et seulement une force,
et il n'y aurait aucune garantie pour les individus
contre l'arbitraire du pouvoir. Sans doute, on peut
discuter le fondement de cette règle. Je suis le
premier à reconnaître que toutes les doctrines
proposées peuvent rencontrer des objections. Mais
peu importe, même si nous ne pouvons lui assigner
un fondement solide, il faut l'affirmer comme un
postulat indispensable, comme le primat même
de toute civilisation.

Un juriste allemand Seydel[1] a écrit que « c'était
un axiome qu'il n'y avait pas de droit au-dessus
ou à côté de l'Etat ». Je réponds en affirmant qu'il
y a, qu'il est indispensable qu'il y ait, un droit
supérieur à l'Etat.

I

En parlant d'une règle qui limite les pouvoirs
de l'Etat, je n'entends pas parler d'une règle
fixant une limite au pouvoir de certains organes
de l'Etat, mais bien d'une règle qui restreint les
pouvoirs de l'Etat pris en lui-même, quel que
soit celui de ses organes qui agisse. Ce n'est pas
le pouvoir exécutif ou le pouvoir législatif qui
sont limités par le droit, c'est je le répète, l'Etat
lui-même, qu'il manifeste son action par la loi
ou par un acte d'administration ou un acte juri-

---

1. *Grundzüge einer allgemeine Staatslehre*, 1873, p. 14.

dictionnel. A cet égard je vous mets en garde contre une erreur encore assez répandue.

On a cru longtemps que le droit limitait les pouvoirs du monarque et seulement ces pouvoirs, qu'il n'apportait aucune restriction au pouvoir du peuple, de la nation, que la souveraineté de celle-ci était sans limite, qu'elle la déléguait au parlement dont les pouvoirs étaient aussi sans limite. Les Anglais ne sont jamais allés plus loin. Leur *Bill des droits* en 1688 venait limiter les pouvoirs du roi et non pas ceux du parlement. Quand les Anglais parlent de leur liberté, ils n'ont en vue que leur indépendance au regard de la couronne. Dans leur pensée le parlement anglais est tout puissant et tous les juristes anglais affirment que ce qu'il veut est une loi, qu'aucune limite ne s'impose à cette volonté. Le vieux proverbe anglais : « Le parlement peut tout faire excepté changer un homme en femme » exprime d'une façon tout à fait exacte la conception anglaise.

Au reste cette idée de l'omnipotence appartenant au peuple et à ses représentants était dominante en France, comme en Angleterre, au xviie et au xviiie siècle. Au xviie siècle le pasteur Jurieu écrivait : « Il doit y avoir dans chaque pays une autorité qui n'a pas besoin d'avoir raison pour valider ses actes; et cette autorité se trouve dans le peuple. » Au xviiie siècle J.-J. Rousseau que, par je ne sais quelle aberration, on a présenté souvent comme l'inspirateur de notre Déclaration française de 1789, dans maints passages du *Contrat social* affirme nettement la puissance illimitée de la volonté générale, c'est-à-dire de l'Etat. « Il n'y a, dit l'auteur du *Contrat social*, ni ne peut y avoir nulle espèce de loi fondamentale obligatoire pour le corps du peuple... Le souverain n'étant formé que des particuliers qui le composent n'a. ni ne peut avoir d'intérêt contraire au leur; par conséquent la puissance souveraine n'a nul besoin de garant envers les sujets... ». Et encore : « L'aliénation se faisant sans réserve, l'union est aussi parfaite qu'elle peut l'être et nul associé n'a plus rien à réclamer... ['« (Livre I, chap. vi et chap. xvi).

La Révolution française à ses débuts n'est point tombée dans cette erreur et cela restera l'éternel honneur des hommes de 1790 et 1791 qu'ils aient solennellement proclamé la limitation des pouvoirs appartenant à l'Etat et spécialement à l'Etat législateur. Au début même de la constitution française de 1791, il est dit : « Le pouvoir législatif ne pourra faire aucunes lois qui portent atteinte et mettent obstacle à l'exercice des droits naturels et civils consignés dans le présent titre et garantis par la Constitution. » Il est bien évident que si l'on affirmait ainsi la limitation du pouvoir législatif, on affirmait *à fortiori* la limitation du pouvoir exécutif.

Assurément, depuis 1791, nous avons eu certains régimes politiques qui ont oublié ce principe essentiel. La Convention nationale en 1793, s'inspirant de J.-J. Rousseau, a cru que tout lui était permis et, sous prétexte de sauver la liberté et de réaliser l'égalité, elle a commis de criminels attentats contre les libertés les plus sacrées. Sous le premier Empire le gouvernement a souvent aussi trahi les principes protecteurs de limitation juridique; la gloire des armes en a couvert l'illégalité. Mais malgré ces ombres la conscience française est depuis la Révolution profondément pénétrée du principe général, et s'il arrivait à un gouvernement quel qu'il soit de le violer, elle se dresserait unanime contre lui. De même qu'elle a chassé l'ennemi de l'extérieur, de même elle briserait l'ennemi de l'intérieur que serait le despotisme sous une forme quelconque.

II

Il ne suffit pas d'affirmer que l'Etat est limité par le droit, il faut encore déterminer le fondement de cette limitation. Depuis longtemps on l'a compris, et, pour y arriver, après un long effort, on a institué une doctrine, qui, pendant deux siècles a été considérée par beaucoup d'esprits comme une sorte de dogme au-dessus de toute critique, de toute objection, doctrine qui nous apparaît aujourd'hui comme singulièrement précaire, mais qui cependant a occupé une trop grande place dans les esprits pour que nous puissions la négliger. Je veux parler de la doctrine individualiste.

Elle trouve ses premières origines assurément dans la philosophie stoïcienne de la Grèce; elle a reçu sa première expression dans les théories

des jurisconsultes romains. Oubliée au moyen âge
elle reparaît, avec une précision et une force nouvelles, au XVIᵉ siècle. Elle reçoit son expression
philosophique dans le système cartésien. Elle est
tout entière contenue dans la proposition célèbre :
« Je pense, donc je suis ». Enfin elle trouve son
expression politique et sociale, aussi précise qu'exacte, dans la Déclaration française de 1789, en attendant que le code Napoléon de 1804 en fasse l'application dans le domaine de la famille et des
relations individuelles.

Voici en quelques mots l'essentiel de la doctrine.
Les hommes naissent et demeurent libres et égaux
en droits. Par cela seul qu'ils sont hommes, au
moment même de leur naissance, ils sont titulaires
de droits naturels et imprescriptibles qui se résument dans la liberté au sens général du mot,
dans ce qu'on a plus exactement appelé l'autonomie de la personne humaine. Ces droits qui
appartiennent à l'homme en sa seule qualité
d'homme, il les conserve dans la société. Il a le
droit naturel de développer sa triple activité
physique, intellectuelle et morale, et le but même
de toute association est la protection de cette
liberté, la protection de la personne humaine
dans toutes les manifestations de son activité,
la protection de son autonomie.

Cependant il est évident qu'une société ne
peut vivre qu'à la condition d'apporter certaines restrictions aux manifestations de la
liberté individuelle. Ce pouvoir appartient à

l'Etat qui n'est autre chose que la société elle-même politiquement organisée. Et, d'autre part, ce pouvoir de l'Etat est étroitement limité. Il ne peut apporter à la liberté individuelle de chacun que les limitations qui sont strictement nécessaires pour assurer la liberté individuelle de tous. D'autre part, ces limitations il ne peut les apporter que par la loi, la loi comprise à la fois au point de vue matériel et au point de vue formel, c'est-à-dire par une disposition générale édictée sans considération de personne ou d'espèce et égale pour tous; et aussi par une disposition votée par l'assemblée législative qui représente la volonté nationale.

Cette doctrine a été formulée, comme je l'ai dit plus haut, dans des termes d'une admirable précision par les articles 1, 2 et 4 de la Déclaration des droits française de 1789 : «Les hommes naissent et demeurent libres et égaux en droit... Le but de toute association politique est la conservation des droits naturels et imprescriptibles de l'homme... La liberté consiste à pouvoir faire tout ce qui ne nuit pas à autrui : ainsi l'exercice des droits naturels de chaque homme n'a de bornes que celles qui assurent aux autres membres de la société la jouissance de ces mêmes droits; ces bornes ne peuvent être déterminées que par la loi. »

III

Cette doctrine individualiste a été pendant deux

siècles considérée comme une sorte de dogme devant lequel tout le monde devait s'incliner. Aujourd'hui elle est fortement battue en brèche. Toutes les conceptions socialistes se dressent contre elle et certainement elle ne répond plus à la tendance de l'esprit moderne. Au surplus elle contient en elle-même une contradiction ilogique; et d'autre part elle est impuissante, on le comprend aujourd'hui de plus en plus, à limiter vraiment les pouvoirs de l'Etat.

Sans doute je pourrais me contenter de dire que la doctrine individualiste doit être rejetée, parce qu'elle repose sur la conception du droit subjectif et que nous avons précédemment démontré que pareille conception Çest tout à fait étrangère à la réalité, une simple vue de l'esprit qui ne correspond point au réel. Mais acceptons un moment cette conception du droit subjectif, et montrons que la doctrine individualiste lui est radicalement antinomique.

Elle affirme en effet qu'avant de vivre en société, au moment même de sa naissance, et simplement parce qu'il est homme, l'individu possède des droits subjectifs naturels et imprescriptibles. Or, s'il existe, le droit subjectif est un pouvoir de volonté s'imposant comme tel à june autre volonté. Son existence implique donc l'existence de deux sujets de volonté, l'un qui impose sa volonté et l'autre à la volonté duquel la première s'impose. L'homme isolé, sans rapports sociaux avec d'autres hommes, ne peut pas être titulaire

de droits subjectifs. Robinson dans son île avait
un pouvoir de puissance matérielle sur les choses,
il n'avait pas de droits. Le droit subjectif, si on
l'admet, ne peut exister pour l'homme naturel,
mais seulement pour l'homme social. L'individu
ne peut avoir de droits que lorsque et parce qu'il
vit en société. Auparavant il n'en a pas et il ne
peut apporter en société des droits qu'il n'a pas.
Ainsi les droits de l'homme ne sont pas antérieurs
à la société. S'ils existent ils dérivent de la société,
et par conséquent ils ne peuvent venir limiter les
droits de la société, c'est-à-dire les pouvoirs de
l'Etat qui n'est, je le répète, dans la doctrine que
j'expose, que la société politiquement organisée.
Ainsi toute la doctrine individualiste s'effondre.

Ce n'est pas tout; elle a, si c'est possible, de
plus graves défauts encore. Elle est impuissante
en effet à déterminer les limitations qui doivent
s'imposer aux pouvoirs de l'Etat. Dans la logique
de la doctrine l'Etat peut limiter négativement
l'activité des individus dans la mesure où cela est
nécessaire pour protéger l'activité de tous. Mais
il ne peut que limiter cette activité; il ne peut pas
imposer à l'individu des obligations actives; il
ne peut pas l'obliger à faire quelque chose envers
les autres; il peut dire à l'individu : tu ne feras
pas certaines choses qui léseraient la liberté d'autrui; il ne peut pas lui dire : tu feras certaines
choses en faveur d'autrui; car il porterait alors
atteinte à la liberté individuelle.

Par exemple il ne peut pas imposer à tous le

travail. Dans la logique de la doctrine individualiste l'oisiveté est un droit. L'individu peut dire
à l'Etat : vous pouvez m'empêcher de nuire aux
autres; mais vous ne pouvez pas m'empêcher,
s'il me plaît, de rester inactif, de contempler les
travailleurs de mon balcon et d'y rester sans rien
faire. De même l'Etat ne peut imposer l'enseignement obligatoire. S'il plaît au chef de famille de
laisser ses enfants croupir dans l'ignorance, nulle
puissance ne peut l'en empêcher. L'Etat, dans
la doctrine individualiste, ne peut rien faire qui
porte atteinte à la liberté individuelle. Il ne peut pas
limiter la liberté individuelle lorsque l'homme
veut l'exercer dans des conditions qui ne peuvent
nuire qu'à lui-même. Il ne peut pas par exemple
interdire les jeux dangereux, les courses de tau-
reaux. Il ne peut pas davantage limiter les heures
de travail. Ainsi on doit affirmer que la doctrine
individualiste ne peut déterminer le domaine
véritable de l'activité étatique.

Elle ne peut pas, non plus, fonder des obligations
positives à la charge de l'Etat. C'est d'ailleurs
la conséquence de ce qui précède. La puissance
politique ne peut pas porter atteinte à la liberté
individuelle, mais rien n'oblige l'Etat à intervenir
d'une manière active pour assurer le développement physique, intellectuel et moral de l'individu.
La puissance publique ne peut pas être obligée
d'assurer un enseignement à tous gratuitement.
Le droit à l'enseignement est logiquement nié
par les partisans de la doctrine individualiste.

L'Etat n'est pas obligé davantage de donner l'assistance aux personnes, qui, à raison de l'âge ou de la maladie, sont dans l'impossibilité de se procurer par le travail les moyens d'existence. Enfin l'Etat n'est point obligé d'intervenir pour que quiconque veut et peut travailler trouve un travail rémunérateur. De même qu'elle écarte le droit à l'enseignement, la doctrine individualiste dénie le droit à l'assistance et le droit au travail. La conscience moderne s'insurge contre de pareilles négations.

Enfin, si l'on va au fond des choses, on s'aperçoit que la doctrine individualiste conduit logiquement et nécessairement ou bien à l'anarchie, ou bien à l'omnipotence de l'Etat. Effectivement on dit : l'individu conserve dans la société certains de ses droits naturels, auxquels l'Etat ne peut toucher et qu'il doit protéger. Mais qui est le juge des droits que conserve ainsi l'individu ? Ce ne peut être que l'individu ou l'Etat. Si c'est l'individu la puissance de l'Etat disparaît et c'est vraiment l'anarchie. Si c'est l'Etat qui seul peut apprécier l'étendue de la liberté individuelle, il reste tout puissant; rien ne vient limiter l'omnipotence de ses décisions et c'est l'absolutisme, sinon le despotisme. C'est pourquoi on a eu raison de dire que la doctrine individualiste oscillait entre l'anarchisme d'un Stirner et le jacobinisme d'un Robespierre.

IV

Quel est donc le véritable fondement de la limitation juridique s'imposant à l'Etat? Il se trouve à mon sens dans l'idée fondamentale de devoir, de devoir s'imposant à tous les membres de la collectivité, aux petits et aux grands, aux faibles et aux forts, aux gouvernés et aux gouvernants. Il ne faut jamais oublier cette admirable parole de notre grand penseur Auguste Comte : « Nul n'a d'autre droit dans le monde que celui de toujours faire son devoir. »

Sans doute il faut maintenir l'idée de liberté individuelle. Mais celle-ci ne doit pas être conçue comme un droit; elle est un devoir; une fonction que tout membre du corps social est tenu de remplir. A chacun s'impose l'obligation, parce qu'il est un être social, de développer pleinement son activité physique, intellectuelle et morale, dans le domaine où il se trouve placé. Vous connaissez les admirables vers de l'illustre poète Alfred de Vigny :

Fais inlassablement ta longue et lourde tâche
Dans la voie où le sort a voulu t'appeler.

Comprenez et méditez le sens et la portée de ce précepte et vous aurez pénétré tout le secret de la vie morale, de la vie sociale et de la vie politique. Un devoir rigoureux s'impose à tous, aux grands et aux petits, aux gouvernants et aux gouvernés : celui d'accomplir tous les actes que leur situation et leurs aptitudes personnelles leur permettent de réaliser. C'est par là seulement qu'on assurera la solidarité par division du travail, qui est la condition indispensable pour qu'une société humaine puisse vivre et se développer.

Les gouvernants sont des individus comme les autres, ils ont les mêmes devoirs; mais en fait ils détiennent la force; par conséquent s'impose à eux une double obligation. Ils ne peuvent employer cette force à limiter sans raison la liberté des individus. Sur ce point les conséquences négatives auxquelles aboutit la doctrine individualiste sont exactes. Mais de plus, les gouvernants sont obligés d'employer la force qu'ils détiennent à donner à tous les individus les moyens de développer pleinement leur triple activité physique, intellectuelle et morale. Ils ont aussi par là même le devoir d'empêcher l'homme de restreindre ou de détruire d'une manière quelconque cette triple activité. Les gouvernants ont le devoir et par conséquent le droit d'interdire tout ce qui peut être dangereux pour l'individu, alors même que celui-ci volontairement s'y expose. L'Etat a le devoir et par conséquent le droit de limiter l'activité individuelle dans la mesure où elle serait nuisible à elle-même; car elle serait alors, en raison de la solidarité sociale, nuisible à la collectivité. L'Etat a aussi le devoir et par conséquent le droit d'imposer aux individus tout ce qui est nécessaire pour qu'ils puissent pleinement exercer leur activité. Il peut les obliger d'acquérir un minimum d'enseignement et d'accomplir un travail. Il n'est pas admissible qu'un seul individu reste inactif; l'Etat manque à sa mission s'il permet l'oisiveté.

Enfin l'Etat est obligé d'organiser toute une série de services publics qui permettent aux individus d'exercer pleinement, avec le maximum de rendement, toute leur activité. Il est obligé notamment de donner l'enseignement, d'assurer du travail à tous ceux qui sont en état de travailler et de fournir l'assistance à tous ceux qui sont dans l'impossibilité, à raison de leur âge ou de leur maladie, de se procurer les moyens de subsistance.

Vous voyez ainsi que toutes les grandes lois qui sont l'honneur des pays modernes, qui sont venues organiser l'enseignement, le travail et l'assistance, sont inspirées par les idées générales que je viens de développer. Elles sont un produit de la conscience moderne; et celle-ci, en rejetant la doctrine traditionnelle de l'individualisme, a fait apparaître les fondements véritables de la limitation qui s'impose à la puissance publique. En même temps elle a réduit à néant la fausse conception individualiste qui conduisait, comme je l'ai dit tout à l'heure, ou à la tyrannie ou à l'anarchie.

V

Mais une dernière question doit être examinée et elle n'est pas la moins difficile. J'ai affirmé que l'Etat a des devoirs, qu'il est limité dans son action. Mais existe-t-il une sanction à la règle qui s'impose à l'Etat ? S'il n'y a pas de sanction, peut-on dire que cette règle soit une règle de droit et qu'il y ait une limitation juridique aux pouvoirs de l'Etat ? Beaucoup d'auteurs, et non des moindres, se sont arrêtés devant l'objection et ont déclaré qu'il pouvait y avoir, qu'il y avait des règles morales limitant l'activité étatique, mais qu'il n'y avait pas, qu'il ne pouvait y avoir des règles de droit, parce que, ont-ils dit, il n'y a pas de règle de droit quand il n'y a pas de règles sanctionnées directement par la contrainte.

Je ne puis accepter une pareille opinion. Comme l'a très bien fait observer Jellinek, pour qu'il y ait une règle de droit, il n'est pas nécessaire qu'elle soit sanctionnée directement par la contrainte, il suffit qu'elle soit une règle garantie. Assurément toute règle qui s'impose à l'Etat est dénuée d'une sanction de contrainte directe, puisque l'Etat par définition monopolise sur un territoire donné la contrainte et qu'il ne peut l'exercer contre lui-même. Mais rien ne s'oppose à ce que les règles s'imposant à l'Etat soient garanties, et rien ne s'oppose par conséquent à ce qu'elles soient des règles de droit. S'il en était autrement, cela ne conduirait à rien de moins qu'à la négation générale du droit public, qui est le droit de l'Etat et qui n'existerait pas si pour être ce droit il devait être sanctionné par la force. Par exemple toutes les règles des constitutions écrites ne seraient pas des règles de droit.

Le principe que j'ai donné à la limitation des pouvoirs de l'Etat est d'ordre juridique, parce qu'il est garanti. On l'aperçoit aisément. Il est d'abord garanti par l'opinion publique, dont on ne peut contester l'existence et la force. Toutes les fois qu'un gouvernement viole ouvertement, par l'abstention ou l'action, une des règles précédemment indiquées, il se produit une réaction dans l'opinion publique qui bien souvent contraint indirectement le gouvernant à modifier son attitude et à se conformer au principe supérieur que j'ai formulé.

D'autre part, tous les Etats modernes civilisés ont été amenés à se donner une certaine organisation politique, dont le but véritable est de garantir le respect de la règle de droit supérieure. Quelle que soit la diversité des constitutions modernes, quelle que soit la part plus ou moins grande faite au régime représentatif, au système de séparation des pouvoirs, quelles que soient les conditions dans lesquelles ont été rédigées les diverses constitutions politiques, toutes elles ont été déterminées par ce but essentiel: établir des garanties au profit de l'individu contre l'omnipotence arbitraire de l'Etat, et par conséquent établir des garanties à la règle qui vient limiter les pouvoirs de l'Etat. Il est donc juste de dire que dans tous les pays la règle supérieure à l'Etat est une règle de droit puisque dans tous les pays elle a reçu la sanction d'une garantie organisée.

VI

Toutefois, la question n'est pas encore épuisée. En effet, il reste un problème peut-être plus moral que juridique, mais que cependant nous ne pouvons négliger. Je viens de dire que dans tous les pays civilisés, sous l'action de l'opinion publique, une organisation politique avait été instituée qui avait pour but de protéger l'individu contre la violation du droit supérieur. Mais il peut arriver que malgré ces précautions, l'Etat viole le droit. Il peut arriver que, suivant l'expression traditionnelle, l'Etat devienne oppresseur. On peut préciser et dire que l'oppression est ce que les criminalistes appellent un délit d'habitude. Un gouvernement n'est pas oppresseur par cela qu'une seule fois il viole la loi. Il est oppresseur si, malgré la constitution qu'il a instituée, il viole habituellement la règle de droit qui s'impose à lui, s'il la viole soit en outrepassant ses pouvoirs, soit en méconnaissant ses devoirs. En pareil cas les individus peuvent-ils résister à l'oppression ? C'est la question très ancienne et très célèbre de la résistance à l'oppression.

Je dis la question très ancienne, car déjà elle était discutée avec détail par les grands théologiens

du xiiie siècle, par Saint Thomas notamment,
qui naturellement la posait en termes théologiques.
Il demandait si la sédition est toujours un péché;
et il y faisait cette forte et nette réponse : Non,
la sédition n'est pas toujours un péché; elle ne
l'est pas quand elle s'élève contre un tyran, parce
que, en pareil cas, c'est alors le tyran qui est sédi-
tieux. Il ajoutait que le prince est un tyran quand
il gouverne dans son intérêt personnel et non
dans celui de ses sujets.

Cette doctrine de la résistance à l'oppression
reparaît au xvie siècle, au moment des guerres
de religion. Elle est oubliée au xviie siècle; mais
elle renaît à la fin du xviiie siècle et elle trouve
une expression très nette dans la Déclaration
des droits de l'homme et du citoyen, qui précède
la constitution montagnarde de 1793 et où on lit :
« La résistance à l'oppression est la conséquence
des autres droits de l'homme. Il y a oppression
contre le corps social lorsqu'un seul de ses membres
est opprimé. Il y a oppression contre chaque
membre lorsque le corps social est opprimé. Quand
le gouvernement viole les droits du peuple, l'insurrection est pour le peuple et pour chaque portion
du peuple, le plus sacré des droits et le plus indispensable des devoirs » (art. 33, 34 et 35).

Que faut-il penser d'une pareille doctrine?
Elle a du vrai et du faux. Il faut faire certaines
distinctions, qui sont indispensables et qui d'ailleurs n'avaient point échappé à l'esprit pénétrant
des théologiens catholiques. Ils avaient distingué

et il faut distinguer à leur suite la résistance passive, la résistance défensive et la résistance agressive.

La résistance passive, il n'est pas douteux qu'elle est légitime. Les individus qui estiment que l'Etat a fait une loi illégale, une loi qui viole le droit supérieur, une loi qui est un attentat à la liberté, peuvent légitimement refuser de s'y soumettre volontairement, lui opposer une force d'inertie et n'exécuter les injonctions légales qu'après avoir épuisé toutes les voies de droit et sous la pression de la contrainte. Vous estimez par exemple qu'en créant tel ou tel impôt, l'Etat a violé le droit, vous refusez de le payer et vous vous laissez saisir; votre attitude passive n'a rien de contraire au droit et en principe on doit reconnaître qu'elle est légitime.

La résistance défensive est plus grave. Elle consiste à opposer la force à la force, à résister matériellement à l'intervention contraignante des agents publics. Peut-on légitimement agir ainsi? La question est complexe et se pose de deux manières. Dans le premier cas l'agent qui exécute un acte de contrainte viole lui-même une loi écrite; par exemple il pénètre dans un domicile privé en dehors des conditions exigées par la loi; il emploie illégalement la force pour y pénétrer. L'habitant de ce domicile peut-il légitimement résister par la force à cette violation? Je le crois et pratiquement j'estime, avec les meilleurs auteurs, qu'il n'y a pas délit de rebellion dans l'acte de

l'individu qui s'oppose par la force à l'accomplis.
sement d'un acte évidemment illégal. Pour qu'il
y ait délit de rebellion, il faut que l'agent public
agisse légalement. C'est encore ce qui était dit
à l'art. 11 de la Déclaration des droits de 1793 :
« Tout acte exercé contre un homme hors des
cas et sans les formes que la loi détermine est arbitraire et tyrannique; celui contre lequel on voudrait
l'exécuter par la violence a le droit de le repousser
par la force. »

Mais dans le second cas prévu la question est
plus délicate. Peut-on légitimement résister par
la force à l'acte d'un agent public qui reste dans
les limites de la loi, mais qui veut appliquer une
loi que l'on prétend être contraire au droit ? Dans
cette hypothèse on ne s'oppose pas par la force
à l'acte illégal d'un agent; celui-ci agit légalement;
mais on prétend que la loi qu'il veut appliquer est,
elle, contraire au droit. J'hésite beaucoup à dire
qu'en pareil cas la résistance défensive peut être
légitime. L'affirmer sans restriction, ce serait
incontestablement introduire dans une société
un principe de désordre et d'anarchie. Mais pour
écarter totalement la résistance défensive, il faut
se trouver dans un pays qui reconnaisse aux tribunaux compétence pour apprécier la constitutionnalité des lois, c'est-à-dire pour refuser d'appliquer une loi quand ils jugent qu'elle est contraire soit à une règle de la constitution écrite,
soit à un principe supérieur du droit s'imposant
au législateur.

Reste enfin ce qu'on a appelé la résistance

agressive. Y a-t-il des cas où elle est légitime ?
La résistance agressive est l'insurrection. Y
a-t-il des cas où l'insurrection est légitime ?
Question singulièrement troublante, qu'il ne faut
aborder qu'avec infiniment de précaution, et
toutes les fois que j'y touche me revient à la mémoire l'histoire que raconte Saint Thomas de la
vieille femme de Syracuse. Elle travaillait paisi-
blement dans son champ que bordait la route
conduisant à Syracuse, lorsqu'elle aperçut courant
à toutes jambes sur cette route un jeune homme
armé d'un poignard. Elle l'arrête et lui dit : « Où
vas-tu ? » « Je vais, répond celui-ci, tuer Denis
le Tyran. » « Jeune imprudent, répond la vieille
paysanne, garde-t'en bien, tu sais le tyran que tu
as, tu ne connais pas celui que tu auras. »

Que théoriquement il y ait eu dans le monde
des révolutions légitimes on ne saurait le nier.
C'est à l'histoire qu'il appartient de les juger.
Certainement il n'est pas permis au juriste de
formuler comme principe le droit à l'insurrection
contre un gouvernement oppresseur. Mais il lui
faut, d'autre part, affirmer énergiquement que
dans tout pays des tribunaux compétents et im-
partiaux doivent être institués qui puissent apprécier tous les actes législatifs et refuser de les appliquer s'ils estiment qu'ils violent le droit. C'est
un point que nous étudierons avec quelques développements dans notre dernière réunion en exa-
minant ce que j'appelle le principe de légalité.

4 mars 1926.

Duguit18

Le principe de légalité.
Comment il doit être garanti.

Messieurs,

Dans ce dernier entretien nous devons examiner une des questions les plus graves du droit public et dont la solution constitue comme le couronnement de cette vaste discipline. Tout ce cours a été dominé par l'idée que le droit est une règle supérieure qui s'impose à tous les membres d'une société donnée, aux gouvernants comme aux gouvernés, une règle qui par conséquent s'impose à l'Etat quelle que soit sa forme, une règle qui détermine le champ de son activité, qui lui ordonne de faire certaines choses, qui lui interdit de faire certaines autres. Cette règle, quand elle s'impose aux individus, est sanctionnée par l'intervention de l'Etat. Quand elle s'adresse à l'Etat peut-il y avoir une sanction? et laquelle? La sanction de la contrainte ne se conçoit pas puisque l'Etat par définition même monopolise la contrainte sur un territoire donné et qu'il ne peut l'exercer contre lui-même.

Il faut cependant une sanction à la règle de droit quand elle s'impose à l'Etat. Toute sanction directe est impossible. En est-il de même des sanctions indirectes? Non; elles peuvent être organisées. Comment? Quel est le meilleur moyen? Où en est-on à l'heure actuelle? Voilà le problème.

I

L'élément essentiel de la sanction indirecte à la règle de droit se trouve dans la notion de ce que j'ai déjà appelé le principe de légalité. Il a pénétré déjà profondément la conscience moderne et c'est par lui qu'on a pu arriver à instituer une sanction, indirecte sans doute, mais certainement efficace à la règle de droit s'appliquant à l'Etat. En quoi consiste-t-il?

Pour le comprendre il faut rappeler la distinction capitale que j'ai déjà faite entre le point de vue matériel et le point de vue formel, et en faire l'application au principe de légalité.

Au point de vue matériel le principe de légalité consiste en ceci : dans un Etat de droit une autorité quelconque ne peut jamais prendre une décision individuelle que dans les limites fixées par une disposition par voie générale, c'est-à-dire par une loi au sens matériel. Cela est vrai pour tous les organes de l'Etat quels qu'ils soient, aussi bien pour les parlements que pour les chefs d'Etat. C'est précisément cette reconnaissance du principe de légalité qui distingue les gouvernements despotiques de ceux qui ne le sont pas. Un gouvernement quel qu'il soit, monarchique, aristocratique ou démocratique, est un gouvernement despotique si les organes qui le composent peuvent prendre des décisions individuelles en dehors de la règle fixée par une loi générale.

Montesquieu, dans un passage bien connu de *l'Esprit des lois*, a nettement montré cette différence entre la monarchie absolue et la monarchie despotique: seulement il appelle simplement monarchie ce que j'appelle monarchie absolue. « Le gouvernement monarchique, dit-il, est celui où un seul gouverne, mais par des lois fixes et établies, au lieu que dans les despoties un seul sans loi et sans règle entraîne tout par sa volonté et ses caprices » (*Esprit des lois*, livre II, chapitre 1). Ainsi en effet dans la monarchie absolue le monarque fait la loi, mais il est lié par la loi qu'il fait lui-même. Dans la monarchie despotique le chef commande sans être lié par aucune règle.

J'ajoute que ce serait une grave erreur de croire que seules les monarchies peuvent être despotiques. C'est une croyance répandue encore dans beaucoup de pays que la liberté des individus est sauve si tous les pouvoirs de l'Etat sont concentrés entre les mains d'une assemblée élue. Quelle illusion profonde ! Une assemblée même élue, tout comme un monarque, peut être despotique. Si elle peut prendre des décisions individuelles en dehors et au delà des règles générales formulées d'avance d'une manière abstraite et s'appliquant à tous, elle aussi sera despotique. Un pays n'est pas libre parce qu'il possède un parlement. Une tyrannie collective est encore plus redoutable qu'une tyrannie individuelle, parce que la responsabilité étant partagée se trouve annihilée. Un pays n'est libre que s'il comprend que le parlement, le prince ou tout autre organe ne peuvent prendre de décision individuelle qu'en vertu d'une règle générale, qu'il n'y a pas un organe quel qu'il soit qui puisse se soustraire à la puissance de la loi.

Comment y a-t-il là une protection contre l'arbitraire de la puissance publique ? Comment et à quelle époque est-on arrivé à comprendre le principe de légalité ? Il n'est pas douteux que c'est la Grèce antique qui a compris la première cette conception fondamentale. On nous parle de la liberté antique; on nous vante ses bienfaits; on admire ceux qui l'ont proclamée et qui ont lutté pour elle. Mais bien souvent on se méprend sur cette conception de la liberté. Etait-ce pour les Grecs une limitation au pouvoir de l'Etat ? Point du tout. Les plus fervents de la liberté antique ont toujours reconnu que dans l'intérêt public la cité possède un pouvoir sans limite. L'idée qu'il existe des règles limitant des pouvoirs de l'Etat est toute moderne. La liberté antique se rattachait à une tout autre conception. On considérait que les hommes étaient libres lorsque la cité, qui pouvait tout faire, ne le pouvait cependant que dans les limites tracées par une règle générale, par la loi qu'elle votait elle-même, la loi qui était faite sans considération de personne et la même pour tous. La liberté était sauve si le principe de légalité était respecté et si tous les citoyens étaient soumis à la même règle. Légalité et égalité voilà toute la liberté antique.

Je ne puis suivre l'évolution de ces idées pendant le moyen âge et l'époque moderne et j'arrive tout de suite à la Révolution française. Elle va bien au delà. On formule une règle qui limite les pouvoirs de l'Etat. Il y a des choses qu'il ne peut pas faire. Sans doute il peut apporter des limitations à l'activité individuelle; mais ces limitations ne peuvent être déterminées que par la loi, la loi au sens matériel, disposition par voie générale formulée d'avance, la loi au sens formel, disposition édictée par la collectivité nationale ou par ses représentants. Cela est précisément le principe de légalité qui vient s'ajouter au principe limitant les pouvoirs étatiques.

Aujourd'hui, je crois pouvoir affirmer que le principe de légalité a profondément pénétré la conscience moderne et qu'une puissante réaction se produirait dans tout pays où des décisions individuelles seraient prises en dehors ou au delà de la loi, aussi bien par un parlement que par un chef d'Etat, roi héréditaire ou président élu. On nous parle de pays où la dictature s'institue, d'autres où elle est désirée; c'est possible; mais ce ne peuvent être que des moments passagers et exceptionnels et dans tout pays civilisé le principe de légalité conserve toute sa force et sa vertu protectrice..

Pourquoi cette vertu? Parce que, si l'Etat ne peut prendre de décision individuelle que dans les limites fixées par une règle générale formulée d'avance, il y a toute chance que cette décision ne sera ni vexatoire, ni injuste, et cela parce que la règle générale qui en fixe le principe et en limite la portée a été formulée d'avance d'une manière abstraite en vue de l'intérêt général sans considération de personne ou d'espèce. Je ne dis pas que cette règle générale sera toujours juste et sans défaut. Mais il y a beaucoup de chance qu'elle soit plus juste, mieux adaptée aux besoins, plus conforme aux fins poursuivies qu'une décision individuelle prise en vue d'une personne déterminée ou d'une situation spéciale. La loi au sens matériel, disposition par voie générale, peut ne pas être conforme au droit; il arrive malheureusement quelquefois qu'elle ne l'est pas. Mais comme elle est faite sans que le législateur ait en vue une personne déterminée ou une affaire particulière, comme le législateur doit être guidé avant tout par des considérations abstraites de justice supérieure et de bien général, on peut légitimement espérer qu'elle est bonne et qu'ainsi elle apporte une juste limite aux décisions individuelles des pouvoirs publics.

II

Mais il est évident qu'il ne suffit pas de reconnaître théoriquement le principe de légalité. Il faut que la sanction en soit fortement organisée. Et je n'en vois pas d'autre que celle-ci : Il faut, il est absolument indispensable pour qu'un pays possède un Etat de droit, qu'il y ait chez lui une haute juridiction, réunissant toutes les garanties d'indépendance, d'impartialité et de compétence, une haute juridiction devant laquelle pourra être porté un recours en annulation contre toute décision que l'on soutient avoir été prise en violation de la loi. Il y a des pays où existe cette haute juridiction et où ce recours a reçu une organisation technique qui protège fortement le principe de légalité.

En France le conseil d'Etat a institué un large recours offert à toute personne ayant un intérêt simplement moral à obtenir l'annulation de tout acte administratif fait en violation de la loi. C'est le recours appelé *recours pour excès de pouvoir*, qui a reçu un développement remarquable et qui protège efficacement l'administré contre l'arbitraire de toute autorité administrative, quelque haut placée qu'elle soit. Lorsqu'il y a une illégalité, le conseil d'Etat brise un décret du gouvernement aussi facilement que l'arrêté du plus modeste maire. Il faut ajouter que la procédure est extrêmement simple ; le ministère d'un avocat n'est point exigé ; aucun droit d'enregistrement n'est perçu; le recours doit seulement être rédigé sur une feuille de papier timbré et le plaideur n'a ainsi qu'à débourser la modeste somme de 2 fr. 40.

Je ne puis entrer ici dans l'exposé détaillé de cette belle théorie. Qu'il me suffise de dire que par la facilité de la procédure, par sa large recevabilité, par l'extension donnée à la notion d'illégalité, le recours pour excès de pouvoir est une admirable voie de droit et une sanction efficace du principe de légalité. Dans aucun pays, je puis l'affirmer, une pareille sanction n'a été organisée.

Je dois cependant ajouter que, malgré tout, le recours pour excès de pouvoir n'est pas encore arrivé à son complet développement. Il ne peut être dirigé en effet que contre les actes des autorités administratives; il ne peut pas l'être contre les actes du gouvernement agissant comme organe politique, par exemple les actes par lesquels le président de la République exerce son action sur les chambres, notamment prononce la clôture des sessions parlementaires ou la dissolution de la chambre des députés. Assurément il ne faudrait pas que le conseil d'Etat devînt comme une assemblée politique supérieure exerçant un droit de contrôle sur les organes politiques. Mais je ne vois rien qui s'oppose ni théoriquement ni pratiquement à ce que les questions de légalité constitutionnelle soient portées devant le conseil d'Etat, dont tout le monde, en France et à l'étranger, se plaît à reconnaître la haute indépendance, la souveraine impartialité et la compétence éprouvée.

III

J'ai déjà dit, et je répète, que le principe de légalité matérielle ne peut et ne doit recevoir aucune exception. Tout acte qui est une décision individuelle doit être frappé de nullité lorsqu'il est contraire à une disposition par voie générale, à la loi. On a parfois prétendu que lorsqu'un gouvernement agissait en vue de sa défense, il pouvait prendre des décisions individuelles au delà et en dehors de la loi et que ces actes, que l'on qualifiait actes de gouvernement, étaient inattaquables malgré leur illégalité. De quelque raisonnement habile que l'on veuille couvrir une pareille solution, il faut la rejeter énergiquement. Elle n'est en effet qu'un expédient pour tenter de donner une apparence juridique à la néfaste raison d'Etat, dont il n'est plus permis de parler dans un pays civilisé et reconnaissant l'autorité du droit.

Mais le principe de légalité formelle peut et doit au contraire recevoir certaines exceptions qui partout aujourd'hui ont une tendance à s'étendre. Dans la plupart des Etats modernes la fonction qui consiste à faire la loi au sens matériel, c'est-à-dire à édicter des dispositions par voie générale, appartient à un parlement élu, dont la composition varie, mais qui le plus habituellement est formé de deux chambres, ayant une origine différente et délibérant séparément. C'est la règle qu'on exprime habituellement et que la loi constitutionnelle française du 25 février 1875 a exprimée dans les termes suivants : « Le pouvoir législatif s'exerce par deux assemblées. »

Cette règle reçoit en général deux exceptions. D'une part très souvent il y a certaines lois que le parlement ne peut pas faire. On distingue deux catégories de lois, les unes qui sont les lois ordinaires, les autres qu'on appelle lois constitutionnelles et on ajoute parfois lois constitutionnelles rigides. Ces dernières sont faites par un organe autre que l'organe législatif ordinaire; elles ne peuvent être ni suspendues, ni modifiées, ni abrogées par l'organe législatif ordinaire; elles ne peuvent l'être que dans des formes et des conditions particulières qu'elles-mêmes déterminent. Le parlement ainsi ne peut édicter aucune disposition qui soit en contradiction avec les règles inscrites dans les lois dites constitutionnelles.

D'un autre côté on admet partout, à des degrés divers, qu'il y a certaines dispositions par voie générale qui peuvent être édictées par le gouvernement. En d'autres termes, le gouvernement a souvent un pouvoir dit *réglementaire*, c'est-à-dire capacité pour édicter des règlements qui sont des lois au sens matériel. Il est évident que le gouvernement ne peut pas faire des règlements en violation de la loi. Mais en même temps le gouvernement, dans une mesure variable suivant les pays, peut édicter de véritables lois au sens matériel et ainsi le parlement ne fait pas toutes les lois. Il y en a qui sont faites par le gouvernement. Nous allons reprendre chacune de ces exceptions au principe de légalité formelle.

IV

L'Angleterre est le seul pays qui à l'heure actuelle ne fasse pas la distinction entre les lois ordinaires et les lois constitutionnelles rigides. J'ai déjà cité le vieux proverbe anglais : « Le parlement peut tout faire excepté changer un homme en femme.» En cette forme humoristique il exprime très nettement un principe du droit public anglais, à savoir que les pouvoirs du parlement sont en droit illimités, que tout ce que veut le parlement est une loi, et qu'il n'y a pas de loi, quelque fondamentale qu'elle soit, qui ne puisse être abrogée ou modifiée par le parlement. Les Anglais ont limité les pouvoirs du roi; mais ils n'ont pas su limiter ceux de l'Etat dont la volonté toute puissante trouve son expression dans les lois du parlement.

Au contraire en France, aux Etats-Unis, et je puis dire dans tous les pays qui sont arrivés à la notion de l'Etat de droit, il y a certaines lois qui sont au-dessus du parlement et que celui-ci ne peut ni abroger, ni modifier. Toute disposition votée par le parlement contrairement à une règle constitutionnelle est contraire au droit. Le principe ne soulève aucune contestation possible, mais il reste une grave question, celle de la sanction. Comment peut-on sanctionner l'obligation juri-

dique qui s'impose au législateur ordinaire de n'é-
dicter aucune disposition qui serait contraire
à une règle constitutionnelle ?

On peut dire que la question se pose aujour-
d'hui dans le monde entier, en Egypte particulièrement. Vous avez admis avec raison la distinction
des lois constitutionnelles et des lois contraires et
c'est un problème d'un intérêt primordial que de
savoir quel est le meilleur procédé pour sanctionner
cette règle.

Trois modes de sanction sont possibles. Il faut
les examiner successivement.

Le premier est celui qui paraît le plus logique
et le plus efficace. Il consiste à créer un haut tribunal présentant toutes les garanties possibles
de savoir, d'impartialité et d'indépendance et devant lequel pourrait être portée, par les parties in-
téressées, la question d'inconstitutionnalité. En
un mot, ce haut tribunal aurait, en ce qui concerne
les lois, des pouvoirs analogues à ceux qui appartiennent au conseil d'Etat en France relativement
aux décrets. Vous n'ignorez pas que, dans ce pays,
toute personne intéressée peut attaquer par le recours pour excès de pouvoir un décret du gouvernement qu'elle prétend avoir été porté contrairement à la loi. Dans le système que j'ai en vue,
toute personne pourrait attaquer, par un recours de
même ordre, une loi qu'elle prétendrait contraire
à la constitution.

La constitution tchéco-slovaque de 1920 a créé
un système de ce genre. Elle a institué un haut tri-

bunal dit tribunal constitutionnel, devant lequel peut être portée la question d'inconstitutionnalité. Sous le premier Empire et sous le second nous avons eu en France un système comparable. Le sénat, d'après la constitution de l'an VIII et d'après la constitution de 1852 pouvait apprécier au point de vue de leur constitutionnalité les actes du corps législatif et du gouvernement. Mais on doit reconnaître qu'il a manqué à sa mission et qu'aux deux époques il a été bien plutôt qu'un tribunal constitutionnel un instrument commode entre les mains du maître pour modifier la constitution[1].

Quoi qu'il en soit de ce précédent historique, que faut-il penser du système consistant à créer un haut tribunal chargé spécialement de statuer sur la constitutionnalité des lois ? Très franchement je crois qu'il est mauvais et voici pourquoi. Quoi qu'on fasse, ce tribunal cessera forcément d'être une cour de justice pour devenir une assemblée politique. Une opposition s'établira entre le parlement et le tribunal. Celui-ci exercera une sorte de contrôle sur les chambres et, sous prétexte de résoudre une question de droit, il aura tendance à s'ériger en une assemblée supérieure concentrant en elle la puissance politique. Néanmoins, il est intéressant de suivre l'expérience tchéco-slovaque;

---

1. Le 7 août 1926, l'Agence Havas annonçait que, le 6, le sénat de Pologne avait voté un ordre du jour invitant le gouvernement à élaborer un projet de loi en vue de la création d'un tribunal constitutionnel chargé de statuer sur les différends résultant de l'interprétation de la constitution.

mais je redoute que mes prévisions ne se réalisent. Il ne peut être que dangereux d'instituer à côté des chambres élues une cour de justice investie sur elles d'un véritable pouvoir de contrôle.

La Roumanie, dans sa rédaction constitutionnelle de 1924, a introduit un système qui, au premier abord, est séduisant. Elle ne crée pas un tribunal constitutionnel spécial, mais elle décide que lorsque, devant un tribunal quelconque, un plaideur oppose l'exception d'inconstitutionnalité, le tribunal ne peut pas statuer sur elle; seule la cour de cassation est compétente à cet effet. Elle peut apprécier la constitutionnalité de la loi sans pouvoir l'annuler; elle peut seulement la déclarer inconstitutionnelle. La juridiction inférieure est liée par la décision de la cour suprême et elle ne peut appliquer dans l'espèce la loi qui est ainsi déclarée inconstitutionnelle.

L'expérience est intéressante. L'avenir apprendra ce que vaut le système; mais dès à présent je suis disposé à croire qu'il est mauvais. J'en ai causé avec les hommes les plus éminents de Roumanie et ils ne sont pas sans quelques appréhensions. D'abord il a pour conséquence d'entraîner de grands retards dans la solution définitive des procès. En second lieu il va contrairement au principe d'après lequel les juridictions inférieures doivent être indépendantes sans être jamais tenues de se conformer aux arrêts d'un tribunal supérieur. Pour une bonne administration de la justice, il faut que le plus modeste tribunal soit souverainement indépendant. Enfin, en donnant exclusivement à la cour de cassation pouvoir d'apprécier la constitutionnalité des lois on court le risque d'y introduire la politique. On crée une sorte de tribunal constitutionnel analogue à celui dont je parlais précédemment; et comme lui elle peut devenir une assemblée politique s'arrogeant un droit de contrôle sur les chambres élues.

V

C'est pourquoi le meilleur et le plus simple des systèmes tendant à sanctionner les principes constitutionnels me paraît être celui qui est pratiqué aux Etats-Unis, dans quelques autres pays et que la doctrine travaille à faire adopter en France. En voici l'essentiel.

L'exception d'inconstitutionnalité est recevable devant toutes juridictions, juridictions inférieures, juridictions d'appel, juridiction de cassation, et toutes elles sont compétentes pour apprécier la constitutionnalité de la loi. Si elles jugent que le législateur a édicté une disposition contraire à la constitution, elles doivent le déclarer et refuser de faire application de la loi, reconnue inconstitutionnelle, dans l'espèce qui leur est soumise. Elles n'annulent pas la loi; elles ne le peuvent pas; ce serait contraire au principe supérieur de la séparation des pouvoirs. Le pouvoir judiciaire exercerait alors un contrôle sur le législatif. La juridiction saisie de l'exception

refuse d'appliquer la loi parce qu'elle est liée par
elle et que, au cas de conflit, elle doit appliquer
la loi supérieure, la constitution. Mais la loi subsiste telle quelle, et, dans une autre espèce, le même
tribunal ou un autre pourra donner une solution
différente et faire application d'une loi qui précédemment aura été déclarée inconstitutionnelle et
dont l'application aura pour cette raison été écartée.
Naturellement lorsque la déclaration d'inconstitutionnalité est prononcée par la cour suprême
du pays, par exemple par la haute cour de justice
américaine, qui a un prestige éminent, la loi qui
en est l'objet est singulièrement compromise et
le plus souvent le parlement devra la rapporter.
Mais il y a là un simple point de fait et on ne saurait dire que la cour suprême est sortie de son rôle
et a fait œuvre politique.

Pour attribuer aux juridictions judiciaires le
pouvoir d'apprécier la constitutionnalité d'une
loi invoquée devant elle, les Américains se sont
fondés sur le principe de la séparation des pouvoirs
et ils ont eu raison. Au contraire, nous, en France,
nous avons refusé ce pouvoir aux juridictions
judiciaires en invoquant le même principe de la
séparation des pouvoirs et nous avons eu tort.
Les Américains ont ainsi raisonné. Le parlement
fait la loi; le pouvoir exécutif en assure l'exécution;
le pouvoir judiciaire juge les crimes et les différends en appliquant la loi. Il est rigoureusement
lié par la loi. Dans les limites de la loi, le juge est
indépendant et ne relève que de sa conscience.

Pas de difficulté lorsque la loi constitutionnelle et la loi ordinaire sont concordantes. Mais si la loi ordinaire viole la constitution, laquelle des deux doit appliquer le juge? Incontestablement la loi constitutionnelle. Nous ne disons pas que le juge peut s'insurger contre le législateur. Mais si celui-ci a violé la loi supérieure le juge ne peut être contraint de le suivre, précisément parce qu'il est lié lui-même par cette loi supérieure.

C'est ce que la cour de cassation roumaine a justement décidé dans un arrêt remarquablement motivé et dont il n'est pas inutile de reproduire quelques passages : « Considérant que dans le cas de contradiction... le juge a le droit de vérifier la constitutionnalité de la loi ordinaire, et, s'il estime qu'elle est contraire à la constitution, de donner la préférence aux dispositions constitutionnelles...; qu'en procédant de la sorte on ne saurait dire que le juge sort de sa compétence et usurpe les attributions du pouvoir législatif; qu'au contraire il remplit une attribution strictement légale, celle de décider quelle loi doit être appliquée dans le litige soumis à son jugement » (*Dalloz* 1912, II, p. 20).

Cette solution, comme je l'ai dit plus haut, la France l'a constamment repoussée et la jurisprudence à cet égard avait été fixée par un arrêt de la cour suprême du 11 mai 1833 au sujet de la loi du 8 octobre 1830 qui déclarait applicable l'article 16 de la loi du 25 mai 1822 sur la presse et que l'on soutenait contraire à l'article 69 de la charte de 1830. « Attendu, disait l'arrêt de la cour, que la loi du 8 octobre 1830, délibérée et promulguée dans les formes constitutionnelles prescrites par la charte, fait la règle des tribunaux et ne peut être attaquée devant eux pour cause d'inconstitutionnalité » (*Sirey* 1833, I, p. 357). Il est vrai qu'un arrêt de la chambre criminelle du 25 mars 1851 a reconnu la constitutionnalité des articles 7 et 8 de la loi du 9 août 1849 sur l'état de siège, ce qui semble indiquer qu'elle avait apprécié la constitutionnalité de la loi (*Bulletin des arrêts de la chambre criminelle*, 1851, p. 156).

Quoi qu'il en soit, jusqu'à ces dernières années, on pouvait considérer qu'il était en France de jurisprudence et de doctrine constantes que les tribunaux, même la cour de cassation, ne pouvaient recevoir l'exception d'inconstitutionnalité, ni par suite refuser d'appliquer une loi jugée contraire à la constitution. Moi-même j'ai enseigné cette solution dans la première édition de mon *Traité de droit constitutionnel*. Mais, depuis quelques années, un courant irrésistible s'est manifesté en un sens contraire dans la doctrine française.

Dans deux articles très remarqués publiés par le *Recueil Sirey*, M. Hauriou a soutenu avec son talent et son autorité que les tribunaux devaient non seulement refuser d'appliquer une loi violant une disposition formelle de la constitution, mais encore une loi qui serait en contradiction avec un principe essentiel à la vie même de l'Etat (*Sirey*, 1909, III, p. 145 et 1913, III, p. 137).

J'ai quelque hésitation à aller jusque là, mais je n'hésite pas à dire que c'est un devoir pour tout tribunal de recevoir l'exception d'inconstitutionnalité et de refuser l'application dans l'espèce qui lui est soumise d'une loi qui viole directement une disposition inscrite dans la constitution. Cette solution je la donne sans réserve en la fondant sur les raisons précédemment indiquées et qui ont été si énergiquement affirmées dans l'arrêt de la haute cour roumaine.

La question s'est posée, il y a quelques mois, devant le tribunal de la Seine, à propos de la loi du 23 mars 1914 permettant à chacune des deux chambres de conférer des pouvoirs judiciaires à une commission d'enquête nommée par elle. Le doyen de la Faculté de droit de Paris, M. Berthélemy, dans l'affaire de M. le sénateur Ratier, poursuivi pour refus de serment devant une commission d'enquête, a soutenu à la barre du tribunal que la loi de 1914 était inconstitutionnelle et que les juges avaient le droit et le devoir d'en écarter l'application[1]. Mais le tribunal de la Seine n'est pas entré dans cette voie et il a condamné M. le sénateur Ratier. La cour d'appel de Paris est saisie et il est probable qu'elle confirmera la décision. Mais le courant sera plus fort que les

---

1. Cf. l'article de Berthélemy, *Les limites du pouvoir législatif*, dans la *Revue politique et parlementaire*, 10 décembre 1925, p. 355.

tribunaux et que la résistance de certains jurisconsultes traditionalistes [1].

Dans beaucoup de pays et même dans les
Républiques soviétiques, le pouvoir est reconnu
aux juridictions d'apprécier la constitutionnalité
des lois. Dans un avenir qui n'est pas éloigné,
la jurisprudence française entrera certainement
dans la même voie.

Devez-vous en Egypte, sous l'empire de votre
nouvelle constitution, adopter le système? Je
n'hésite pas à répondre dans le sens affirmatif.
Vous avez reconnu solennellement l'existence d'une
loi supérieure, qui s'impose à tous les organes de
l'Etat; aucun d'eux, pas même le parlement,
n'est au-dessus de la loi constitutionnelle; aucun
d'eux ne peut contraindre le juge à la violer, et
celui-ci a non seulement le droit, mais le devoir
d'apprécier la constitutionnalité d'une loi invoquée
devant lui et de refuser de l'appliquer s'il juge
qu'elle viole la constitution.

VI

J'ai dit plus haut que le principe de légalité
formelle recevait forcément certaines exceptions
et que dans tous les pays le gouvernement avait,
sous le nom de pouvoir réglementaire, compétence

---

1. Cf. l'article de Larnaude, *L'inconstitutionnalité des lois
et le droit public français*, dans la *Revue politique et parlementaire*, 10 février 1926, p. 181 et s.

pour édicter certaines dispositions par voie générale.
Dans la neuvième leçon j'ai essayé de déterminer quel
était exactement ce pouvoir aux termes de la
constitution égyptienne. Il est indiscutable que
le gouvernement est lié à la fois par la loi et la
constitution et qu'il ne peut jamais édicter un
règlement en dehors des cas où la loi constitutionnelle lui donne ce pouvoir et en violation d'une
disposition inscrite dans une loi formelle. Cette
règle doit avoir une sanction. La loi et la jurisprudence françaises l'ont organisée d'une manière
aussi complète que possible. Si nos tribunaux
n'admettent pas l'exception d'inconstitutionnalité,
ils admettent tous celle d'illégalité, et devant
une juridiction quelconque, administrative ou
judiciaire, tout plaideur peut alléguer l'illégalité
du règlement invoqué; les juges doivent statuer
sur la question et refuser d'appliquer le dit règlement s'ils estiment qu'il est contraire à la loi,
loi constitutionnelle ou loi ordinaire. Ils ne peuvent
pas annuler le règlement sur l'exception opposée;
ils se bornent à en reconnaître l'illégalité et à refuser de l'appliquer. C'est au reste une décision
d'espèce, qui ne s'impose dans une autre affaire
ni à la même juridiction ni à une autre.

Le droit français ne s'est pas arrêté là; le recours
pour excès de pouvoir, dont j'ai précédemment
parlé, dans la large extension que lui a donnée
la jurisprudence du conseil d'Etat, peut être
formé contre tout règlement émanant du chef de
l'Etat, même contre les règlements qui seraient

faits en vertu de ce qu'on est convenu d'appeler à tort une délégation législative.

Où en est sur ce point la jurisprudence égyptienne? Supposez que le gouvernement égyptien fasse un règlement et que l'intéressé soutienne, devant une juridiction indigène ou mixte, qu'il est illégal; cette exception est-elle recevable? Le tribunal peut-il statuer sur l'illégalité invoquée et décider qu'il refuse d'appliquer le règlement parce qu'il le juge illégal. J'hésite à répondre. J'estime que les tribunaux égyptiens devraient le faire; je ne crois pas qu'ils l'aient déjà fait; je suis convaincu qu'ils le feront dans un avenir prochain.

Il est vrai que l'article 7 du Code civil mixte et l'article 11 du règlement des tribunaux mixtes, de même que l'article 15 alinéa 4 du règlement sur les tribunaux indigènes interdisent aux uns et aux autres d'interpréter ou d'arrêter l'exécution d'une mesure administrative. Mais encore ici les faits seront plus forts que les textes de loi et l'avenir est proche où doctrine et jurisprudence égyptiennes s'accorderont pour reconnaître que l'exception d'illégalité est recevable devant toute juridiction.

J'estime aussi que les juristes égyptiens préparent peu à peu l'institution d'une voie de droit sur le modèle de notre recours pour excès de pouvoir et qui permettra à tout administré de soumettre par voie d'action à une haute juridiction, dont l'impartialité et la compétence seront reconnues de tous, l'appréciation au point de vue de leur

légalité de tous les actes émanés de l'autorité
administrative, cette juridiction recevant le pouvoir de les annuler impitoyablement s'ils violent
la loi. Le principe de légalité est la condition fondamentale pour qu'un pays vive sous le régime de
l'Etat de droit et vous avez affirmé votre volonté
irréfragable et votre droit intangible de vivre sous
un pareil régime.

C'est par ces mots que je termine ces leçons de
droit public, et ce n'est pas sans un très vif regret.
J'avais pris l'habitude de venir ici deux fois par
semaine, et, malgré le nom qu'on avait donné
à ces entretiens, ce n'était point des leçons que je
faisais, c'était un travail de collaboration avec
vous tous. Beaucoup d'entre vous sont venus
causer avec moi, me poser des questions et m'adresser des objections; ils ne pouvaient pas me faire plus
de plaisir et je les en remercie. Merci à vous,
Messieurs, qui m'avez fait le grand honneur de
venir ici, non pas par devoir professionenl, mais
simplement attirés par votre passion du droit.
Merci à vous, Messieurs les étudiants, qui vous
êtes adonnés à ces études, parfois un peu arides,
avec tant de zèle et d'empressement. Permettez
à mon âge de vous adresser quelques conseils
au moment où nous allons nous séparer.

N'oubliez pas que vous êtes destinés à former
l'élite et même l'élite dirigeante de votre pays;
n'oubliez pas que vous êtes appelés à jouer un rôle

important dans la vie publique. Dès lors représentez-vous que ce qui fait la grandeur d'un pays, ce n'est pas sa richesse économique, ce n'est pas le nombre de sa population, ce n'est pas l'étendue de son territoire, ce ne sont pas ses conquêtes militaires; ce qui fait la grandeur d'un pays c'est que ses hommes dirigeants ont le sentiment du devoir, la noblesse des idées et de hautes vertus morales. Il faut que l'élite ait avant tout le sentiment du devoir et qu'elle travaille à le faire pénétrer dans la masse populaire, qu'elle arrive à convaincre tous les citoyens, depuis les plus haut placés jusqu'aux plus modestes, que nous devons avant tout remplir notre devoir professionnel, le devoir que nous impose la situation dans laquelle le sort nous a placés. Tout le secret de la vie morale et de la vie politique est là.

Un pays est grand par la noblesse des idées qu'il répand dans le monde. La petite Belgique est devenue une grande nation le jour où elle a déclaré que tous ses citoyens mourraient jusqu'au dernier pour défendre le sol natal et la foi jurée. Savez-vous ce qui fait la grandeur de mon pays, c'est avant tout qu'il a proclamé la Déclaration des droits de l'homme et qu'il a su l'imposer au monde. Sans doute on peut discuter philosophiquement la vérité des principes qu'elle énonce; mais elle était une idée grandiose parce que pour la première fois dans un État constitué depuis des siècles, on affirmait que les pouvoirs du législateur sont limités par un droit supérieur à lui.

L'Egypte est digne d'être un grand pays et si, dans ma toute petite sphère, j'ai pu vous apporter quelques idées et vous être un peu utile dans la noble voie que vous poursuivez, cela restera le grand honneur de ma vie.

Merci, Messieurs, je n'ose pas vous dire au revoir; mais je souhaite ce revoir de toute mon âme.

9 mars 1926.

La responsabilité de l'État
et la jurisprudence des tribunaux mixtes.

*Conférence faite le 12 février 1926
au Barreau mixte du Caire[1].*

Monsieur le Président,
Monsieur le Délégué,
Messieurs,

Lorsque votre délégué est venu me demander de faire une conférence devant vous, j'ai vu là un grand honneur et je me suis considéré comme son obligé. Aussi ai-je accepté sans hésiter.

Les Tribunaux mixtes d'Egypte et leur Barreau sont, je puis le dire hautement, une institution qui honore l'humanité. La juridiction mixte par sa jurisprudence, le barreau mixte par son savoir et par son éloquence ont dans le monde entier une réputation méritée que je connaissais de longue

____

1. Sténographiée par les soins du comité de rédaction du *Journal des tribunaux mixtes.*

date. C'est vous dire combien je suis heureux et fier d'être en quelque sorte associé à leurs travaux. Merci donc et soyez sûrs que je reste votre obligé.

I

Le sujet que j'ai pris comme objet de cet entretien est incontestablement l'un de ceux qui aujourd'hui s'imposent aux préoccupations de tous ceux qui s'intéressent aux questions de droit. C'est également un de ceux à propos desquels on aperçoit le mieux cette formation spontanée du droit qui, sous l'action des faits, des croyances, des aspirations et des besoins, évolue malgré les textes avec une puissance irrésistible. C'est à propos des questions comme celle dont nous allons nous entretenir qu'on peut faire application de la formule qui m'a si profondément frappé et qu'énonçait le premier président à la cour de cassation, M. Ballot-Beaupré, au moment de la célébration du centenaire du code Napoléon, disant, avec toute l'autorité s'attachant à sa personne et à ses fonctions : « Lorsqu'un texte est obscur il faut l'interpréter non pas d'après la pensée que le législateur a eue quand il l'a écrit, mais d'après celle qu'il aurait s'il l'écrivait aujourd'hui. »

Cette idée d'évolution continue qui donne au droit une force supérieure à la loi positive, votre éminent Délégué vient de l'exprimer dans des termes d'une belle élévation et l'un de vos confrères l'a développée dans un article auquel je ne fais qu'un reproche, celui d'être trop court. Votre confrère Maître Raymond Schemeil a donné à son article un titre qui en montre bien tout le contenu : « Le fait prime le droit ou l'influence du relativisme sur la science juridique[1]. » Il me permettra toutefois de lui adresser une légère critique. Peut-être n'est-il pas assez audacieux. Je vous proposerai d'aller plus loin que lui. J'estime en effet que certaines règles de droit, qui à un moment donné paraissaient être des principes immuables, ne sont plus vraies aujourd'hui; car dans le monde tout évolue et tout change, même les règles de droit.

C'est en m'inspirant de ces idées que j'entre dans le sujet de cette conférence.

II

Il est incontestable qu'un des problèmes qui préoccupent le plus aujourd'hui tous les jurisconsultes, tous les magistrats, tous les avocats et je puis dire l'opinion publique, c'est celui qui se pose dans les termes suivants : comment les particuliers peuvent-ils et doivent-ils être protégés contre l'Etat ?

Les rédacteurs des lois relatives aux juridictions mixtes n'ont pas manqué de prévoir le problème et de lui donner une solution. Les textes auxquels

---

1. Article paru dans la *Gazette des tribunaux mixtes*, février 1925.

je fais allusion, vous les connaissez beaucoup
mieux que moi et si j'en donne lecture c'est plutôt
pour moi que pour vous et pour prendre un point
de départ. Le texte capital est l'article 11 du titre I
du Règlement d'organisation judiciaire pour les
procès mixtes en Egypte (rédaction du décret
du 26 mars 1900) : « Les tribunaux mixtes ne
pourront pas statuer sur la propriété du domaine
public. (Je laisserai de côté le domaine public,
il n'y a pas de sujet plus embrouillé). Ils ne pourront connaître des actes de souveraineté ni des
mesures prises par le gouvernement en exécution
et en conformité des lois et règlements d'administration publique. Mais sans pouvoir interpréter
un acte d'administration ou un arrêté d'exécution,
ils seront compétents pour juger les atteintes
portées par cet acte à un droit acquis d'un étranger
reconnu soit par des traités, soit par des lois, soit
par des conventions[1]. » Ce texte assure-t-il une
protection suffisante de l'individu au regard de
l'Etat ?

Si j'en crois un livre très intéressant qu'a bien
voulu me prêter votre confrère M. Malatesta,
je parle du beau livre de M. Messina sur la *Juridiction administrative des tribunaux mixtes*, oui,
ce texte permet d'établir une protection suffisante de l'individu au regard de l'Etat. Je lis

---

1. Sur l'histoire et le sens de ce texte, cf. Pélissié du Raus-
sas, *Les capitulations*, I ; Abd-el Solom Zohni, *La responsabilité de l'Etat dans le droit égyptien*, I.

en effet à la page 95, au début du dernier chapitre, qui contient les conclusions de l'auteur : « Le système de protection des droits subjectifs individuels à l'égard de l'administration publique, libéralement conçu sur le grand modèle italien de la juridiction unique, est incontestablement, à part des erreurs techniques de détail auxquelles la jurisprudence a su remédier, l'expression la plus moderne de la notion d'Etat juridique. »

Eh bien non ! A mon sens, le mode de protection qui est inscrit dans le texte que je viens de lire et qui, d'après l'expression de l'auteur que j'ai entre les mains, repose sur le système des droits subjectifs individuels opposés à l'administration publique, ce mode de protection, je n'hésite pas à l'affirmer, est tout à fait insuffisant.

Les tribunaux mixtes l'ont bien compris. Effectivement dans une jurisprudence que j'admire profondément, malgré ce texte beaucoup trop étroit, ils ont essayé d'assouplir le système et de donner aux intérêts et aux droits individuels une protection beaucoup plus large et beaucoup plus effective que celle qui résulterait de l'application rigoureuse du texte. Conformément à la parole du président Ballot-Beaupré ils interprètent la loi, non pas d'après l'idée que le législateur à eue quand il l'a écrite, mais d'après celle qu'il aurait s'il l'écrivait aujourd'hui.

III

Voyons en effet les conditions auxquelles on peut dire que les particuliers sont véritablement protégés contre l'Etat. J'estime qu'elles sont au nombre de deux : 1° Il faut que le principe de légalité soit reconnu et fortement garanti; 2° Il faut que la responsabilité de l'Etat envers les particuliers soit formellement reconnue et énergiquement sanctionnée.

Sur le premier point je passe rapidement; ce n'est pas à vrai dire l'objet de cet entretien. Je me borne à faire observer que, pour garantir le principe de légalité, il faut naturellement le sanctionner dans ses diverses applications. Il signifie que jamais une autorité, quelle qu'elle soit, ne peut faire un acte contraire à la loi et que tout acte contraire à la loi est frappé de nullité. Pour que ce principe soit véritablement sanctionné, il faut que toute personne, ayant un intérêt matériel ou simplement moral à faire tomber cet acte contraire à la loi, soit recevable à former devant une juridiction supérieure, offrant toute garantie d'indépendance et d'impartialité, un recours tendant à obtenir l'annulation d'un acte illégal.

Je crois pouvoir affirmer que dans aucun pays la jurisprudence n'est allée en ce sens aussi loin que le conseil d'Etat français, qui, par son admirable institution du recours pour excès de pouvoir et du recours pour détournement de pouvoir, assure une forte protection aux administrés contre l'arbitraire administratif.

Mais je laisse cela de côté et j'arrive à l'objet spécial de cette conférence : la responsabilité de l'Etat envers les particuliers.

Le principe de cette responsabilité est incontestablement consacré par le texte de l'article 11 du Règlement d'organisation judiciaire pour les procès mixtes que je lisais tout à l'heure. Quelle était dans la pensée de ses rédacteurs la portée de la responsabilité que ce texte reconnaissait? Cela m'importe peu.

Mais ce qui m'importe davantage, c'est de savoir l'application qu'en a faite la jurisprudence des tribunaux mixtes et de savoir aussi, si elle doit aller plus loin, jusqu'où elle doit aller.

IV

Sur le premier point je passe rapidement parce que vous êtes beaucoup mieux fixés que moi-même. Je me suis rendu compte qu'incontestablement et d'une manière constante les tribunaux mixtes reconnaissent la responsabilité que j'appelle la responsabilité contractuelle de l'Etat et la sanctionnent d'une manière tout à fait énergique.

J'ai lu notamment avec beaucoup d'intérêt le jugement rendu par le tribunal du Caire sous la présidence de M. Giraud, dans le procès dit du tribut entre le gouvernement égyptien et la maison Rothschild de Londres. On y lit notamment : « Attendu que le gouvernement ne conteste pas avoir pris l'engagement de payer...; attendu que le fait d'avoir discuté la durée et la contre-partie de son engagement est démonstratif de l'intention de s'engager...; attendu que vainement le gouvernement prétend qu'en droit international la clause « tant que les choses resteront en état » est toujours sous-entendue[1]... »

Ainsi les tribunaux mixtes affirment énergiquement le caractère obligatoire pour l'Etat des contrats qu'il conclut, et il n'y a pas là un mince mérite de leur part. En effet encore dans de nombreux pays on enseigne la théorie dite du contrat

---

1. Depuis que cette conférence a été prononcée, le jugement du tribunal du Caire a été confirmé par un arrêt de la Cour d'appel mixte d'Alexandrie, où on lit : « Attendu en résumé que la situation juridique découlant des décrets et des conventions y contenus, interprétés d'après l'intention des parties et les circonstances entourant la confection de ces conventions, est l'acceptation par le gouvernement égyptien délégué à cet effet par le gouvernement ottoman... d'assurer l'obligation envers Rothschild et C° de payer pendant un temps déterminé à ces derniers les sommes dues par lui au créancier déléguant; que d'après les principes admis en matière de délégation il ne serait pas loisible de changer les conditions de leurs engagements entre eux sans l'intervention des Rothschild...; attendu enfin que la question de savoir en quelles circonstances et sous quelles conditions le tribut d'Egypte ne serait plus dû à la suite de l'affranchissement politique du gouvernement égyptien, de ses liens de vassalité envers la Turquie, en d'autres termes si et comment la Turquie a renoncé à ses droits de ce chef, appartenant exclusivement au droit public, échappe à tout examen par la juridiction mixte, laquelle a pour seule mission dans ses débats d'examiner l'engagement assumé par le gouvernement appelant envers les

de droit public, ce qui ne conduit à rien de moins qu'à dire : l'Etat peut toujours se dégager des contrats faits par lui, il n'est tenu que parce qu'il le veut et dans la mesure où il le veut.

Je l'ai dit et je l'ai écrit souvent, il n'est plus permis aujourd'hui de parler de contrat de droit public. C'est une expression qu'on rencontre encore dans les arrêts de notre conseil d'Etat; je le regrette vivement. Dire qu'il y a des contrats de droit public, c'est dire que le lien contractuel n'est pas obligatoire lorsque nous sommes en droit public, c'est-à-dire lorsque l'Etat est un des contractants, qu'il ne l'est que lorsque le contrat est intervenu entre deux particuliers. Or un contrat est un contrat que l'Etat y soit partie ou non; et l'Etat, partie à un contrat, est et doit être lié par lui comme le dernier de ses sujets.

C'est ce qu'affirment solennellement les tribunaux mixtes et ils ont cent fois raison.

Rothschild sous la lumière des faits qui peuvent être retenus comme constants et d'y appliquer les règles de droit commun; que sous ce point de vue il échet de décider que, d'après ces mêmes principes et en vue de l'intention évidente des parties, le gouvernement doit continuer à faire à la maison Rothschild les versements qu'il a formellement consentis de faire pendant les périodes prévues, en laissant au gouvernement le soin de discuter, sur le terrain politique ou en toute autre manière avec le gouvernement ottoman, le droit qu'il pourrait avoir à exercer contre lui (Cour d'appel mixte d'Alexandrie, 29 avril 1926).

V

La jurisprudence des tribunaux mixtes reconnaît en second lieu la responsabilité de l'Etat lorsqu'il y a de sa part atteinte à des droits acquis.

Ici je ferai des réserves; car, je vous le dis franchement, il y aura dans quelques mois un demi-siècle que je fais du droit, et je ne sais pas encore ce que c'est qu'un droit acquis. Je sais ce que c'est qu'un droit, et encore je n'en suis pas bien sûr; mais je n'ai jamais su ce que c'est qu'un droit acquis. On a un droit ou on n'en a pas, et le mot acquis n'ajoute rien à l'idée qu'on exprime en parlant de droit. L'expression droit acquis doit donc être impitoyablement rejetée, car elle n'a pas de sens.

Permettez-moi à ce propos de rappeler en passant l'origine de cette expression « droit acquis ». Il y a eu une époque où elle avait un sens; c'était au xviie et au xviiie siècle, au moment où régnait ce qu'on appelait les doctrines du droit de la nature et des gens, dont le jurisconsulte Grotius était un des plus illustres représentants. On distinguait alors les droits innés et les droits acquis. Les droits innés étaient les droits appartenant naturellement à l'homme en sa qualité d'homme; les droits acquis ceux qu'il acquérait lorsqu'il était en société et qui lui étaient conférés par elle.

Aujourd'hui cette doctrine est à peu près complètement abandonnée; en tout cas, quand les

civilistes nous parlent de droits acquis, ce n'est
pas dans le même sens qu'ils emploient cette
expression et je crains bien que eux-mêmes en
ignorent la portée. Malheureusement ils persistent
et c'est notamment la raison pour laquelle, en
matière de non-rétroactivité des lois, ils ne sont
arrivés à aucune solution satisfaisante. Ils ont
voulu faire jouer la notion de droit acquis et ils
n'ont pu réussir pour cette raison qu'elle n'a
pas d'objet.

Néanmoins j'ai constaté que dans la jurisprudence des tribunaux mixtes et dans les livres très
savants qui s'en inspirent, notamment dans le
remarquable ouvrage déjà cité de M. Messina,
l'expression droit acquis revient assez souvent
J'y lis par exemple à la page 92, « que si les particuliers... ne peuvent s'autoriser de pertes ou de
sacrifices, nés des conséquences directes de la
guerre, il n'en est plus de même lorsque ces sacrifices sont la conséquence de mesures purement
préventives inspirées par des calculs de prévoyance
et de prudence; il s'agit alors d'une sorte d'expro-
priation pour cause d'utilité publique qui donne
toujours ouverture à un droit d'indemnité, parce
que nul ne peut être privé de sa propriété même
pour cause d'utilité publique sans une préalable
indemnité. » L'expression droit acquis ne se trouve
pas dans le passage cité; mais dans la pensée de
l'auteur et des tribunaux, dont il interprète la
jurisprudence, le droit de propriété est un exemple
parfait de droit acquis et la responsabilité de l'Etat

ost déclarée engagée toutes les fois que par un acte il a porté atteinte au droit de propriété ou à tout autre droit acquis qui peut lui être assimilé.

VI

Enfin il est un troisième cas dans lequel nous trouvons une jurisprudence extrêmement ferme. Les tribunaux mixtes condamnent l'Etat à une indemnité toutes les fois que le préjudice est occasionné à un particulier à la suite d'une faute, d'une faute de service ou plus exactement d'une faute commise par les agents publics dans la gestion du service.

Il est vrai qu'ici les tribunaux se trouvent en présence d'une grosse difficulté provenant du maintien d'une notion contre laquelle je m'élève sans cesse, la notion de souveraineté. Je ne reviens pas sur les critiques que j'ai faites ailleurs de la souveraineté. J'ai montré que [chaque jour elle s'affaiblit davantage et que notamment on reconnaît aujourd'hui qu'il est impossible de fonder un droit international public si l'on n'est pas d'accord pour l'écarter.

Quoi qu'il en soit, les tribunaux mixtes se trouvent en face d'un texte qu'ils ne peuvent méconnaître : l'article 11, § 2 du Règlement d'organisation judiciaire que j'ai lu tout à l'heure et qui déclare que « les tribunaux ne [pourront connaître des actes de souveraineté ni des mesures prises par le gouvernement en exécution et en conformité des lois et règlements d'administration publique ».

En appliquant rigoureusement ce texte les tribunaux ne pourraient jamais reconnaître la responsabilité de l'Etat à l'occasion d'un acte administratif puisque l'Etat est souverain et que la souveraineté exclut la responsabilité. Mais les faits ont été plus forts que la théorie; l'équité a imposé une solution en dépit de tout ce qu'on a pu affirmer d'une prétendue souveraineté et les tribunaux mixtes ont eu l'honneur de consacrer par leurs décisions la responsabilité de l'Etat toutes les fois qu'il y avait en fait une faute de service, c'est-à-dire un mauvais fonctionnement du service public

Je lis encore dans le livre de M. Messina, qui m'a été d'un précieux secours, à la page 56 où il rapporte une décision judiciaire : « Attendu que la demande dont la cour est saisie n'est point basée sur les conséquences d'un acte de souveraineté, mais tout au contraire sur celle de l'inaction de la police, c'est-à-dire sur une prétendue aute. »

Ainsi donc lorsqu'il y a violation d'un contrat, atteinte aux droits acquis, faute de service, la responsabilité de l'Etat est reconnue. On s'arrange de façon, et on a cent fois raison, à mettre de côté les réserves faites dans l'article 11 et l'on consacre très nettement et très énergiquement la responsabilité de l'Etat. Mais on ne va pas au delà. D'abord si la faute consiste en une illégalité, le tribunal n'annule point, ne peut pas annuler l'acte administratif; il se borne à donner une indemnité. D'autre part s'il n'y a ni violation d'un contrat, ni atteinte à un droit acquis, ni faute de service, on ne reconnaît point la responsabilité de l'Etat quel que soit le préjudice qui ait été occasionné à un particulier par le fonctionnement d'un service public.

VII

La jurisprudence doit-elle en rester là ou au contraire doit-elle aller plus loin et jusqu'où doit-elle aller ? Elle doit aller beaucoup plus loin; elle doit à mon sens consacrer la responsabilité de l'Etat même en dehors de toute faute, même lorsqu'il s'agit d'un acte de souveraineté par excellence comme la loi, ou d'actes émanant de l'autorité judiciaire, ou de dommages résultant de ce que l'on a longtemps considéré comme des actes de souveraineté au premier chef, les faits de guerre.

Pour en arriver là la jurisprudence doit : 1º éliminer complètement, ignorer l'idée de souveraineté, respecter le texte mais l'ignorer. Je ne dirai pas comme le procureur d'une comédie célèbre : « Je respecte la loi puisque je la tourne »; je dirai : « Je respecte la loi puisque je l'ignore »; 2º faire pénétrer de plus en plus l'idée de risque en la substituant à l'idée de faute.

J'ai dit plus haut ce que je pensais de la prétendue souveraineté, j'en ai parlé longuement dans mes conférences à la Faculté de droit, je n'y reviens pas. Et j'insiste seulement sur le second point : la   substitution de l'idée de risque à l'idée de faute. Mais ici, il convient de s'expliquer d'une manière aussi précise que possible.

On parle quelquefois de la responsabilité objective qui tendrait à remplacer la responsabilité subjective. Je n'aime pas beaucoup ces expressions d'*objective* et de *subjective* à propos de la responsabilité. Je me sers moi-même très souvent de ces épithètes; mais c'est précisément la raison pour laquelle je tiens à ce qu'on n'en fasse pas un emploi abusif. De certains arrêts rendus par la cour d'appel mixte, il semble résulter que, dans sa pensée, la responsabilité objective par opposition à la responsabilité pour faute est celle qui est fondée sur l'atteinte à des droits et notamment dans l'espèce jugée par cet arrêt sur l'atteinte à cette sorte de droit de propriété qu'on aurait sur la voie publique.

Malgré tout le respect que j'ai pour les magistrats d'Alexandrie, je dois dire que la responsabilité objective, si elle est quelque chose, n'est pas cela. Elle n'est pas la responsabilité fondée sur la lésion d'un droit; elle est la responsabilité pour risque. Afin d'éviter ces confusions il faut donc rejeter ces expressions de responsabilité objective et de responsabilité subjective et parler, ce qui est beaucoup plus clair, de responsabilité pour faute et de responsabilité pour risque. Mais tout danger de confusion n'est pas encore écarté.

Certains juristes prétendent qu'il y a une substitution générale et dans tous les domaines de la responsabilité pour risque à la responsabilité pour faute. Ce n'est pas vrai. Cette substitution ne doit pas se faire et en réalité ne se fait pas lorsque la question de responsabilité se pose entre deux personnes égales, entre deux particuliers. Si vous considérez deux personnalités individuelles, elles sont absolument égales l'une à l'autre et par conséquent, pour qu'il naisse de l'une envers l'autre une obligation de réparer, il faut nécessairement qu'il ait été commis une faute par elle ou par une personne dont elle est responsable. Sans cela vous ne pouvez pas fonder la responsabilité. Pourquoi pourriez-vous dire qu'un particulier est tenu de supporter le risque d'un fait quelconque dans ses rapports avec un autre particulier ? Il n'y a pas de raison de subordonner l'un à l'autre. Il n'y a pas de raison si j'ai une automobile, si je suis régulièrement une voie publique et que je renverse un piéton sans qu'il y ait une faute quelconque de ma part, il n'y a pas de raison, dis-je, qu'on puisse me dire : « Vous avez une automobile, vous créez un risque et si un accident arrive vous en êtes responsable ». Je réponds : « Il faut prouver ma faute; il ne peut y avoir responsabilité qu'à cette condition. »

Dans les rapports de deux particuliers, c'est une erreur grave de dire que la responsabilité pour risque doit remplacer la responsabilité pour faute. Je critique vivement la jurisprudence des Cours d'appel françaises qui tendaient à invoquer, même dans ce cas, l'idée de risque. Le législateur a cru devoir intervenir, et il a bien fait, pour réprimer cette tendance. Dans une longue série d'arrêts rendus par des cours d'appel et confirmés par la cour suprême on a décidé que lorsque des dommages ont été occasionnés à des voisins par un incendie, le propriétaire de l'immeuble incendié et par conséquent la compagnie qui l'assurait en est responsable sans que les victimes aient à faire la preuve de la faute. On faisait application de l'article 1384 du code Napoléon mal interprété à mon sens. C'est pourquoi la loi du 7 novembre 1922 est venue décider « que celui qui détient à un titre quelconque tout ou partie de l'immeuble ou des biens mobiliers dans lesquels un incendie a pris naissance ne sera responsable vis-à-vis des tiers des dommages causés par cet incendie que s'il est prouvé qu'il doit être attribué à sa faute ou à la faute des personnes dont il est responsable ». Il est bien entendu qu'il n'est rien innové en ce qui concerne les rapports entre propriétaire et locataire, qui demeurent régis par les articles 1733 et 1734 du code Napoléon.

Donc pas de responsabilité pour risque dans les rapports entre particuliers. Mais les choses sont tout à fait différentes lorsque vous envisagez les rapports d'un individu avec une collectivité, et c'est ici et ici seulement que l'on doit faire intervenir, mais largement, l'idée de risque.

Pourquoi ? Il y a d'abord une première raison,

c'est que la collectivité ne peut pas commettre une faute, que la collectivité ne peut même pas encourir une responsabilité pour le fait d'autrui, pour le fait de ses préposés, parce que cette responsabilité n'est fondée que sur une faute présumée. Une collectivité ne peut pas, quoi qu'on en dise, commettre une faute, laquelle suppose toujours une volonté consciente et personnelle que n'a pas la collectivité.

Une deuxième raison, c'est qu'il n'y a pas égalité entre une collectivité et un individu. C'est que lorsque, dans l'intérêt de la collectivité, un préjudice est subi par un particulier, par un individu, il est juste que ce soit la caisse collective qui en assure la réparation. Autrement l'individu serait véritablement écrasé par la collectivité, et surtout si c'est la collectivité étatique. Si vous dites : pour que l'individu puisse obtenir réparation du préjudice à lui causé par cette puissance collective irrésistible qu'est l'Etat, il faut qu'il démontre la faute, vous risquez bien souvent de rendre impossible la réparation du dommage. Vous risquez de laisser à la charge de l'individu un dommage qui lui a été causé dans l'intérêt de tous, dans l'intérêt social et qu'il est légitime que la caisse collective, la caisse de l'Etat répare.

Cependant, pour démontrer que la responsabilité pour risque remplace la responsabilité pour faute même dans les rapports entre deux individus, on invoque souvent une disposition qui rentre dans ce que l'on peut appeler le droit commun occidental, européen et américain. Je fais allusion à la législation sur les accidents ouvriers, dont je ne trouve encore aucune trace ni dans la législation ni dans la jurisprudence égyptiennes. Vous n'ignorez pas que dans le droit occidental l'ouvrier d'une entreprise privée, quelle qu'elle soit, qui est victime d'un accident a droit envers son patron à une réparation du préjudice à lui causé sans qu'il ait à prouver une faute quelconque de l'employeur. Il a droit à réparation, même si l'accident provient de sa maladresse ou de sa négligence. Il n'y a qu'une exception, lorsque l'ouvrier s'est volontairement blessé. On dit qu'il y a là une conséquence évidente de l'évolution suivant laquelle la responsabilité pour risque remplace partout la responsabilité pour faute.

Eh bien, non! Encore ici l'idée qui est le fondement de cette responsabilité est celle d'une collectivité se trouvant en présence d'une personnalité individuelle. C'est la collectivité entreprise qui est en face de l'ouvrier individu. L'ouvrier travaille dans l'intérêt de l'entreprise qui profite de son travail; l'accident est un des risques de l'entreprise, risque qu'elle doit supporter, puisqu'elle profite du travail. Il y a responsabilité pour risque et très justement puisque l'accident apparaît comme créé par l'entreprise qui doit par suite en supporter les conséquences, puisque c'est dans son intérêt.

L'Etat est aujourd'hui une vaste entreprise, comme je l'ai écrit dans mon livre sur les *Trans-*

formations du droit public; il est une coopération
de services publics; il fait des opérations de tous
ordres : banque, transports, éclairage, communi-
cations postales et télégraphiques, etc. Si dans les
rapports de toute entreprise avec son personne
s'est instituée l'idée de risque, il est juste de l'établir aussi dans les rapports de l'Etat et des particuliers. L'Etat devient ainsi assureur des risques
que son activité dans l'intérêt de tous fait courir
à quelques-uns.

Je dois dire que cette idée pénètre de plus en
plus la jurisprudence française et aussi nos lois
positives. Elle a été consacrée expressément par
deux textes importants. L'un est la loi du 16 avril
1914 promulguée quelques mois avant la guerre
et prévoyant les dommages causés aux personnes
et aux propriétés par des émeutes, des troubles;
elle consacre la responsabilité de l'Etat associée
à celle des villes en déclarant que l'Etat est responsable « en vertu du risque social ». D'autre
part, tout à fait au début de la guerre, au moment
où les Allemands envahissaient le sol français
sur lequel ils amoncelaient les ruines et les destruc-
tions, au moment où il y avait un sursaut de l'âme
française se dressant contre l'envahisseur, au
moment où jamais les sentiments de solidarité
nationale n'avaient été aussi puissants, le législateur, dans l'article 14 de la loi du 26 décembre
1914, a solennellement déclaré que les victimes
de la guerre avaient un droit intangible à la réparation intégrale des dommages causés par elle.

Le principe est formulé à nouveau à l'article 1ᵉʳ de la loi du 17 avril 1919 qui le met en œuvre et dont l'article 1 déclare :« La République proclame l'égalité et la solidarité de tous devant les charges de la guerre », comme devant toutes les charges publiques.

Voilà donc l'idée de risque substituée à l'idée de faute dans les rapports de l'Etat avec les particuliers.

VIII

Quelles sont maintenant les conséquences qui résultent d'une part de l'élimination que nous avons faite de la notion de souveraineté et d'autre part de l'application que nous proposons de l'idée de risque social? Il y en a beaucoup. Je ne veux mettre en relief que les principales et vous montrer où en est arrivée sur ce point la jurisprudence française. Nous toucherons alors du doigt l'écart qui existe entre notre jurisprudence et celle des tribunaux mixtes.

Une première conséquence, sur laquelle je passe assez rapidement et que je n'indique que parce que l'application en a été faite dans un procès intéressant dont j'ai eu l'occasion de m'occuper, montre bien la solution différente suivant qu'on fait intervenir l'idée de faute ou l'idée de risque. La voici exprimée en termes abstraits : la collectivité responsable n'est pas celle qui a nommé l'agent ayant commis la faute d'où est né le dommage, mais celle au profit de laquelle fonctionne le service.

La question s'est posée dans l'espèce suivante. En France le service des incendies est un service municipal qui fonctionne dans l'intérêt de la collectivité communale. Cependant, les officiers de sapeurs-pompiers sontnommés par le gouvernement. Il y a quelques années il y eut un vaste incendie dans un collège situé en face de la maison que j'habite. Averti du sinistre, je me rends sur les lieux où l'on me dit que l'incendie n'est pas grave et que d'ailleurs les pompiers sont arrivés. Je rentre chez moi et quelques heures après on vient m'annoncer que tout l'établissement est en feu. En fait le collège flambait comme une torche; il n'en resta même pas les quatre murs. La société civile propriétaire de l'immeuble fait un procès à la ville de Bordeaux. Son avocat, qui ne connaissait pas bien le droit public, soutient que la ville est responsable parce qu'elle est responsable du fait de son préposé le commandant des pompiers, qui n'a pas fait ce qu'il devait. Mais la ville, bien conseillée, répond que le commandant des pompiers n'est pas son préposé, qu'il est nommé par le gouvernement et que par conséquent elle ne peut pas être responsable. La société perd son procès.

Peu de temps après une affaire identique est plaidée devant le tribunal du Havre. L'avocat de l'incendié mieux averti (l'exemple de Bordeaux lui avait profité) soutient cette thèse : le service public d'incendie est un service municipal qui fonctionne dans l'intérêt de la collectivité communale; par conséquent à moins qu'on ne prouve qu'il y a eu faute de la victime ou force majeure la collectivité communale doit réparer le dommage. Il n'est plus question de préposé, de commandant des pompiers nommé par le gouvernement ou par le maire; il suffit qu'il y ait un préjudice occasionné par le fonctionnement d'un service public communal dans l'intérêt de la collectivité pour que la caisse municipale soit responsable. Et en effet le tribunal du Havre, faisant une juste application de l'idée de risque, reconnaît la responsabilité de la ville. C'était fort bien jugé.

IX

Une deuxième conséquence qui se rattache à l'idée de risque est la suivante. L'individu qui se prétend victime d'un dommage occasionné par le fonctionnement d'un service public n'a pas à faire la preuve d'une faute commise par le service; il lui suffit de démontrer le préjudice. L'administration est toujours recevable à faire la preuve qu'il y a eu faute ou négligence du demandeur; mais la victime, du moment où elle fait la preuve du préjudice et que l'administration ne fait pas la preuve contraire d'une faute commise par l'administré, a droit à réparation, parce que le service doit assurer le risque qu'il occasionne aux particuliers. Sur ce point une question identique s'est posée devant le conseil d'Etat français et devant la cour d'appel mixte d'Alexandrie, et les deux juridictions ont donné des solutions opposées.

Vous n'ignorez pas qu'en France la police est en principe un service municipal; cependant à Paris, dans les communes du département de la Seine et dans quelques grandes villes la police de sécurité est un service d'Etat. Or il advint qu'un jour dans une rue de Saint-Denis, près de Paris, un agent de police se promenait tranquillement, lorsqu'il s'aperçut qu'un passant s'était emparé d'un objet à un étalage. N'écoutant que son devoir, l'agent s'élance à la poursuite du voleur et dans sa course ardente il renverse un paisible passant qui se casse une jambe. Il avait nom Pluchard, et il est devenu célèbre dans les fastes de la jurisprudence. Il intente un procès à l'Etat et il le gagne sur toute la ligne : « Considérant que dans les circonstances où il s'est produit et en l'absence de toute imprudence ou de toute négligence de la victime cet accident doit être attribué à une faute du service public, engageant la responsabilité de l'Etat » (24 décembre 1909, *Recueil*, p. 1029).

Voici maintenant l'espèce à peu près identique jugée par la cour mixte d'Alexandrie dont je résume l'arrêt : « L'Etat ne saurait être recherché comme civilement responsable des suites dommageables d'un acte de l'agent de police dans l'exercice de ses fonctions, lorsque cet acte, tout en étant imprudent, constituait de la part de l'agent, un acte d'héroïsme tendant à éviter une catastrophe et lui a même coûté la vie[1]. »

Vous reconnaîtrez que les deux espèces sont sensiblement pareilles. Ainsi d'après la jurisprudence française, lorsqu'un préjudice est occasionné par le fonctionnement d'un service public ce n'est pas à la victime de prouver la faute de l'administration; c'est à cette dernière de démontrer l'imprudence ou la négligence de la victime. D'après la jurisprudence des tribunaux mixtes, c'est toujours à la victime qu'il incombe de prouver la faute de l'administration.

Le conseil d'Etat de France, dans des arrêts récents, vient de confirmer sa jurisprudence. En 1921 il décidait encore que la victime d'un accident occasionné par une automobile militaire devait faire la preuve d'une faute commise par le conducteur. En 1924 un arrêt du 22 décembre décide qu'il y a présomption de faute, entraînant la responsabilité de l'Etat, à moins que celui-ci ne démontre que l'accident est dû à une cause tout à fait étrangère à la conduite de l'automobile (*Sirey*, 1926, III, p. 1).

---

1. Cet arrêt du 13 avril 1910 a été rendu à l'occasion du terrible accident survenu aux courses d'automobiles organisées le 10 mars 1910 à Héliopolis. Le signal du départ venait d'être donné quand un coussin d'une voiture tomba sur la piste au moment où elle passait devant la tente khédiviale. Un agent s'élança pour le ramasser, quand une voiture arrivant à toute vitesse le renversa et se précipitant sur la foule occasionna de graves accidents. Un procès en responsabilité fut engagé contre l'Etat qui le gagna pour la raison indiquée au texte.

Sur ce point la jurisprudence française paraît définitivement établie et je suis convaincu que dans un avenir prochain les tribunaux mixtes se prononceront dans le même sens.

X

Faut-il aller plus loin encore ? Doit-on admettre la responsabilité de l'Etat, même au cas de force majeure ? Oui assurément et c'est la conséquence logique de l'idée sur laquelle j'insistais tout à l'heure : l'Etat est dans l'intérêt de la collectivité un entrepreneur des services publics et il doit en assurer les risques. Si le fonctionnement de cette vaste entreprise fait des victimes, elles doivent être indemnisées, par la caisse collective, du préjudice qui leur a été occasionné dans l'intérêt de tous.

De même que les accidents ouvriers sont une charge de l'entreprise, de même les accidents aux administrés sont une charge des services publics. De même que l'ouvrier a droit à réparation bien que l'accident soit survenu sans aucune faute de l'employeur, bien qu'il soit le résultat d'un cas fortuit ou d'une force majeure, de même l'administré a droit à réparation, qu'il y ait ou non faute du service public et même quand le dommage causé résulte d'un cas fortuit ou d'une force majeure. Il convient d'ajouter que tous les citoyens d'un pays doivent être égaux devant les charges publiques, que par suite, si le fonctionnement des services a été particulièrement onéreux pour quelques-uns, la caisse collective doit compenser ce dommage et faire disparaître l'inégalité.

Le rapprochement de deux arrêts rendus par le conseil d'Etat français dans des espèces identiques semble bien établir que telle est aujourd'hui la jurisprudence de cette haute juridiction. En 1909 il y eut un grave accident dans la rade de Toulon. Un cuirassé, le *Iéna*, fit explosion et un malheureux père qui s'appelait Ambrosini, se promenant dans une rue de Toulon, eut son enfant tué dans ses bras par un éclat de fonte projeté par l'explosion. Un procès en responsabilité est fait à l'Etat; le demandeur est déclaré mal fondé, « considérant, dit le haut tribunal, qu'il résulte de l'instruction que le décès du fils du requérant doit être attribué à un événement de force majeure, qu'il n'est justifié d'aucune circonstance de nature à engager la responsabilité de l'Etat... » (10 mai 1912, *Recueil* 1912, p. 549; *Sirey*, 1912, III, p. 161, avec une note intéressante de M. Hauriou.)

Au mois de mars 1911 un accident identique se produisit dans le même port de guerre. Un cuirassé de l'Etat, le *Liberté*, était détruit par une explosion formidable qui faisait de nombreuses victimes dans l'équipage. Les parents de l'une d'elles font un procès à l'Etat, que le conseil déclare responsable par un arrêt du 21 mai 1920 : « Considérant qu'il n'est pas contesté que l'explosion du cuirassé *Liberté*... ait été la conséquence d'une inflammation des poudres placées à bord..., que par suite les requérants sont fondés à soutenir que l'Etat doit réparer le dommage » (*Recueil* 1920, p. 532).

Voilà donc deux arrêts rendus dans deux espèces identiques et qui, on ne saurait le nier, sont absolument contradictoires. L'un est fondé sur l'idée de faute qui persiste encore en 1912 à la veille de la guerre : il y a eu force majeure, par conséquent, dit-on, il n'y a pas responsabilité de l'Etat. Huit ans plus tard, après les événements de la guerre, on reconnaît dans une espèce pareille qu'il y a peut-être un cas de force majeure, mais on décide que peu importe, que l'explosion a eu lieu sur un cuirassé de l'Etat, que c'est le fonctionnement d'un service public qui a causé le préjudice et que par conséquent la réparation doit être mise à la charge de la caisse publique.

C'est je crois le dernier état de notre jurisprudence : elle est à mon sens conforme à la réalité et à l'équité. Je ne cache pas cependant que certaines formules du conseil d'Etat sont un peu troublantes. Il y a dans la belle jurisprudence de ce haut tribunal certaines régressions. Je crois cependant que nous touchons au but et que l'on est dans le vrai en disant que la jurisprudence française, en matière de responsabilité publique, a définitivement substitué l'idée de risque à l'idée de faute.

XI

Il nous reste à montrer les conséquences qui se rattachent à l'élimination de la notion de souveraineté; elles sont de haute importance.

Il en résulte d'abord que l'Etat doit être déclaré responsable même à l'occasion des actes où paraît s'affirmer le mieux, le plus pleinement, l'idée de souveraineté, je veux dire à l'occasion de la loi, de la loi proprement dite, matérielle et formelle, de la loi rendue par ces organes qui se croient souverains, la chambre et le sénat. J'enseigne sans hésiter qu'une loi dont l'application occasionne un préjudice à certains individus ouvre en leur faveur une action en réparation contre l'Etat. Il y aurait ici de longs développements à présenter; mais vraiment je m'aperçois que j'abuse de votre bienveillante attention et je passe rapidement. Je me borne à indiquer une distinction à mon avis fondamentale.

Si la loi, dont l'application entraîne pour quelques-uns un préjudice spécial, a pour objet d'interdire une activité qui est nocive à la collectivité et qui par suite est illicite en soi avant même qu'elle ait été interdite par la loi, aucune indemnité n'est due à ceux qui en souffrent préjudice. Ils étaient dès avant le vote de la loi dans une situation illicite et ils ne peuvent l'invoquer pour obtenir réparation.

Voici un exemple très net de la situation que je prévois. Une des meilleures lois qui ait ét faite en France, à l'exemple de la Suisse, sous la pression de l'opinion publique, c'est celle du 16 mars 1915, qui a interdit la fabrication, la circulation et la consommation de l'absinthe et qui n'a réservé aucune indemnité au bénéfice des fabricants de cette liqueur empoisonnée. Malgré cela, la société *Absinthe Premier* a fait un procès en responsabilité à l'Etat en invoquant le préjudice qui lui était occasionné par l'application de la loi. Le haut tribunal n'a point déclaré l'action irrecevable. sous le prétexte que le demandeur aurait invoqué une responsabilité à l'occasion d'une loi. L'action est déclarée recevable. Il est donc reconnu que l'on peut plaider devant un tribunal la responsabilité de l'Etat à raison du préjudice occasionné par l'application d'une loi. C'est un point important qu'il faut retenir. Sur le fond la firme *Premier* a succombé et avec juste raison, parce que l'Etat ne peut pas être responsable du préjudice causé par une loi qui prohibe une action nocive, laquelle était contraire au droit, même avant qu'elle fût prohibée par le législateur.

Si vous supposez au contraire une loi interdisant une activité, non parce qu'elle est nocive et partant illicite, mais parce que l'Etat la monopolise pour en assurer un meilleur fonctionnement ou pour des raisons fiscales, la responsabilité de l'Etat est certaine. Elle doit être reconnue par les tribunaux, et la caisse publique doit être condamnée à réparer le préjudice, alors même que la loi n'a pas réservé le principe de cette réparation.

La question ne s'est pas posée en France parce que, je dois le dire à l'honneur du législateur français, toutes les fois qu'il a fait des lois de ce genre, il a réservé dans le texte même le principe de l'indemnité due par l'Etat, notamment lorsqu'il a créé le monopole des allumettes en 1872, ou encore lorsqu'il a autorisé la suppression des bureaux de placement par la loi du 14 mars 1904.

Au contraire en Italie la loi du 4 avril 1912, qui a établi le monopole des assurances sur la vie au profit de l'Institut national, a formellement prohibé l'allocation d'une indemnité quelconque aux compagnies d'assurances. La loi uruguayenne du 24 décembre 1911 a établi au profit de l'Etat le monopole des assurances contre l'incendie, contre les accidents et sur la vie. Elle est restée muette sur la question d'indemnité. J'ai été, sans avoir rien fait pour cela, mêlé aux discussions très vives qui se sont alors élevées en Uruguay. Les uns, invoquant un passage d'un de mes livres, soutenaient que l'on devait réserver dans la loi le principe de l'indemnité; les autres, invoquant un autre passage du même auteur, soutenaient le contraire. Vous apercevez certainement l'explication de la contradiction apparente. Dans un des passages je disais qu'il n'y a pas lieu d'attribuer une indemnité lorsque l'Etat interdit une activité nocive. Dans l'autre j'affirmais que l'Etat est au contraire responsable lorsqu'il interdit, pour s'en réserver le monopole, l'exercice d'une activité licite en soi. C'était assurément le cas de la loi italienne et de la

loi uruguayenne qui supprimaient les assurances
privées et instituaient un monopole public. L'une
et l'autre auraient dû expressément inscrire le
principe d'une indemnité due par l'Etat.

XII

Si l'on écarte, comme j'estime qu'on doit le
faire, la notion de souveraineté, il faut affirmer
que l'Etat est encore responsable à l'occasion
des actes qui émanent de l'autorité judiciaire.

Il est vrai qu'il y a lieu de faire ici une distinction importante, qui n'a pas toujours été aperçue.
L'Etat ne peut être responsable à l'occasion des
actes ayant réellement le caractère juridictionnel,
parce que le principe de l'autorité de la chose jugée
s'y oppose. Il y a une nécessité sociale évidente
à ce que les décisions de justice aient force de
vérité légale et que, lorsqu'elles ont été prononcées
avec toutes les garanties instituées par la loi,
nul ne puisse mettre en question la solution donnée.
C'est, je le répète, le principe de l'autorité de la
chose jugée dont nul ne conteste la nécessité.
Dès lors, il faut reconnaître que la responsabilité
de l'Etat en ce qui concerne les décisions juridic-
tionnelles ne peut être engagée que lorsque la loi
l'a décidé expressément, comme par exemple la
loi française du 8 juin 1895 sur la révision des
procès criminels.

Mais, en dehors des actes juridictionnels, dans
tous les pays l'autorité judiciaire accomplit de

nombreux actes qui n'ont pas ce caractère et qui
en réalité sont, au point de vue matériel, des actes
administratifs, par exemple les mandats d'arrêt,
les perquisitions, les autorisations données à des
incapables, les homologations de partage, etc.
A l'occasion de ces actes, quoiqu'ils soient faits
par l'autorité judiciaire, il faut reconnaître la
responsabilité de l'Etat dans les mêmes termes
et en vertu des mêmes motifs que pour les actes
faits par l'autorité administrative. Il n'y a pas de
raison pour faire une distinction entre les uns et
les autres. Dans les deux cas c'est un service public qui fonctionne dans l'intérêt public; dans les
deux cas c'est la caisse collective qui doit assurer
le risque qui en résulte.

Je dois dire à mon très vif regret que la jurisprudence française n'en est pas encore arrivée
là et cela, parce que bien des auteurs et beaucoup
de magistrats n'ont pas su distinguer les deux
catégories d'attributions appartenant à l'autorité
judiciaire, les attributions d'ordre juridictionnel
et celles qui n'ont point ce caractère. La distinction se rattache à celle du point de vue matériel
et du point de vue formel et, malgré les efforts
des publicistes avertis, elle échappe encore à bien
des esprits. Espérons que cela ne durera pas.

Je viens de lire dans un journal du Caire que
le tribunal indigène d'Alexandrie est saisi d'une
demande introduite par Ali Ahmed Ali qui se
prétend victime d'une incarcération illégale et
réclame à l'Etat égyptien une indemnité de 30.000 li-

vres à raison du préjudice matériel et moral qu'elle lui a causé. Je serai curieux de connaître la décision du tribunal.

XIII

Enfin la dernière conséquence qui se rattache à l'élimination de la souveraineté et à la substitution de l'idée de risque à l'idée de faute, c'est la reconnaissance à la charge de l'Etat de l'obligation juridique où il est de réparer les dommages de guerre occasionnés à un particulier, qu'ils proviennent de l'armée ennemie occupant le territoire national ou de l'armée nationale qui assure la défense de la patrie.

Jusqu'en 1914, sauf à un moment très court pendant la Révolution, dans aucun pays, on n'avait admis l'obligation juridique pour l'Etat de réparer les dommages de guerre. Sans doute en France après la guerre de 1870-71, l'Assemblée nationale avait alloué des indemnités aux victimes; mais il était bien précisé que c'était là une allocation bienveillante et non l'exécution d'une obligation et la reconnaissance d'un droit au profit de la victime. Les deux raisons que l'on en donnait, c'est que d'une part la puissance souveraine de l'Etat ne se manifeste jamais aussi pleinement que dans la direction d'une guerre et que d'un autre côté les dommages qui en résultent sont le produit d'une véritable force majeure.

Eh bien ! tout cela est abandonné. L'idée de

souveraineté est morte et peu importe que les dommages de guerre résultent d'une force majeure, la guerre est faite dans l'intérêt de tous, la caisse collective doit réparer les risques qui en résultent. D'autre part, l'idée de solidarité sociale, l'idée d'égalité de tous devant les charges publiques et les événements malheureux ont triomphé. Sauf son recours contre l'Etat ancien ennemi, la nation a le devoir juridique de réparer intégralement les dommages de guerre et les victimes ont droit à cette réparation. La loi française du 17 avril 1919 a consacré à nouveau et a mis en œuvre ce principe que pour la première fois et solennellement avait proclamé la loi du 26 décembre 1914.

Et voilà l'aboutissement dernier de cette doctrine qui paraît aujourd'hui s'imposer à tous les esprits et d'après laquelle on ne saurait invoquer une prétendue souveraineté de l'Etat et on doit affirmer que celui-ci est responsable pour tous les préjudices qui résultent de l'entreprise publique fonctionnant dans l'intérêt de la collectivité. C'est le risque social que doit assurer l'Etat; c'est le principe de l'égalité de tous devant les charges publiques que doit reconnaître toute législation.

Je m'excuse, Messieurs, d'avoir été aussi long; c'est un peu votre faute; devant votre si bienveillante attention, je me suis oublié.

Je suis convaincu que dans un avenir prochain la jurisprudence des tribunaux mixtes suivra celle

du conseil d'Etat français et que vos hautes juridictions, continuant leurs nobles traditions, don-
neront un nouveau gage de protection à l'administré contre l'action de l'Etat, reconnu assureur
du risque social.

12 février 1926.

TABLE DES MATIÈRES

HUITIÈME LEÇON

**Le problème de l'Etat. — La solution réaliste;
comment elle seule peut donner un fondement
au pouvoir de l'Etat et à la limite de ce pouvoir. — La notion de service public.**

NEUVIÈME LEÇON

**Les fonctions de l'Etat, le point de vue ma-
tériel et le point de vue formel. — La fonction
législative, les lois constitutionnelles et les
lois ordinaires.**

DIXIÈME LEÇON

La fonction administrative et la fonction juridictionnelle.

ONZIÈME LEÇON

Les organes de l'Etat et la séparation ᴠes pouvoirs.

DOUZIÈME LEÇON

Les organes représentatifs et la théorie de la représentation politique.

TREIZIÈME LEÇON

Les agents de l'Etat.— Théorie générale de la fonction publique

QUATORZIÈME LEÇON

**La limitation des pouvoirs de l'Etat.
Sanction de cette limitation.**

QUINZIÈME LEÇON

Le principe de légalité. — Comment il doit être garanti.

CONFÉRENCE AUX TRIBUNAUX MIXTES

La responsabilité de l'Etat et la jurisprudence des Tribunaux mixtes.

1926. -. Bordeaux. Imp. J. Bière, rue du Peugue